Pamela Bessel
Tausche Schmerz gegen Selbstliebe

Pamela Bessel

Tausche Schmerz gegen Selbstliebe

Re Di Roma-Verlag

Bibliografische Information der Deutschen National-
bibliothek:
Die Deutsche Nationalbibliothek verzeichnet diese
Publikation in der Deutschen Nationalbibliogra-
fie; detaillierte bibliografische Daten sind im
Internet über http://dnb.ddb.de abrufbar.

ISBN 978-3-86870-665-9

Copyright (2014) Re Di Roma-Verlag

Buchtitelgestaltung:
Das Kunstwerk für den Buchtitel ist inspiriert durch
die Arbeit von Pamela Bessel und individuell für
dieses Buch von der Künstlerin Anke Bohne ge-
staltet. Anke Bohne lebt und arbeitet in Hamburg. Kontakt: www.abo-kunst.com

Illustration: »Universe« (Auschnitt), Acryl/Collage auf
Leinwand, 2014
© Anke Bohne und Pamela Bessel

Alle Rechte beim Autor

www.rediroma-verlag.de
13,00 Euro (D)

Inhaltsverzeichnis

Danksagung 7

Vorwort 8

Basiswissen für die Bewusstseinsarbeit 12
   Mit Gelassenheit ist der Weg viel leichter 12
   Anwendung des Buches 16
   Unser Plan 18
   Kosmische Einflüsse 21
   Das Resonanzgesetz und die 23
   wissenden Felder 23
   Energiearbeit leicht gemacht 27
   Wie kreiere ich richtig? 35

Unsere Lernaufgaben und Widerstände 37
   Wenn die Seele verrückt ist 37
   Die Erschöpfung 39
   Das fehlende Vertrauen in den eigenen Glauben 41
   Schuld und Scham - Die Dauerkrise 44
   Manipulation und Abhängigkeiten 46
   Widerstand gegen die eigenen Visionen 52
   Macht- und Kraftlosigkeit 53
   Angst vor emotionaler Nähe 55
   Verurteilung 55
   Strukturlosigkeit 57
   Komfortzonen 59
   Angst vor der Eigenverantwortung 61
   Wenn der Körper nicht geliebt werden kann 64
   Wenn Sexualität Stress bedeutet 67

Aggression / Innere Selbstzerstörung 70
Existenzangst 72
Die Krankheit ist unser Weg der Heilung 75
Kontrollverlust 79
Angst vor Freiheitsverlust 82
Süchte 83
Todesangst / Todessehnsucht 86
Die Kinder der neuen Zeit - unsere Spiegel 88

Die Lösungen 94
Integration der Seelenanteile 95
Transformation der Ahnenreihen 108
Dein inneres Kind 111
Nützliche spirituelle Werkzeuge 114

Schlusswort 127

Danksagung

Mein Herz geht bei den Gedanken an diese Danksagung so weit auf, dass ich wirklich Schwierigkeiten habe, sie in klare Worte zu fassen:

Ich bedanke mich bei meinem Mann, meinen Kindern und allen anderen, die mich auf meinem (wirklich sehr speziellen) Weg begleiten und nicht müde werden, mir ein Spiegel zu sein und Geduld mit mir haben, weil auch ich noch viel lernen muss.

***

Vorwort

In diesem Buch erwarten dich Antworten darauf, wie du dich schnellstmöglich von deinen tiefsten Urschmerzen befreien kannst und welchen Illusionen und Herausforderungen du dich dafür noch stellen musst. Das hört sich viel versprechend und vielleicht auch ein bisschen unglaublich an und doch ist es möglich. Mir war klar, dass es jetzt, nach 2012, schnell gehen würde, denn wir brauchen einen Weg, um uns endlich von den tiefsten Schmerzen befreien zu können. Wir befinden uns im Bewusstseinsaufstieg und tragen noch einiges an Gepäck mit uns herum.

Für diejenigen, denen dieses besondere Jahr nichts sagt, möchte ich kurz darauf eingehen. Aus astrologischer Sicht ist der 21.12.2012 das Datum, an dem wir in das Wassermannzeitalter oder auch goldene Zeitalter eingetreten sind. Die Urvölker und auch viele spirituell Interessierte wissen bereits seit langem, dass diese Zeit ein neues Bewusstsein hervorbringen wird. Wir haben die vergangenen 26.000 Jahre damit zugebracht, Erfahrungen zu sammeln wie es sich anfühlt von der Quelle getrennt zu sein. Seit 2012 wachen wir ganz langsam auf, um wieder an unsere wahre Essenz heranzukommen.

Wir tragen alle ein großes Potenzial in uns, das durch Selbstliebe, Vertrauen und innere Kraft getragen wird. Über diesen Elementen liegen unsere Blockaden, die in Wirklichkeit Seelenanteile sind, die sich aus Angst in schmerzvollen Situationen von unserem Herzen abgespalten haben. Wir leben jetzt in einer Zeit, in der sich unser Bewusstsein erhöht und in der unsere verdrängten Anteile gesehen werden möchten. Oftmals zeigen sie sich durch unterschiedliche Krisen in unserem Leben. Sobald wir unseren Schmerz erkennen und ihn annehmen, wird die Ressource, die dadurch blockiert war, freigelegt. In meinem ersten Buch „Du bist göttlich, benimm dich auch so!", hole ich die Leser aus ihrer Illusion, indem ich ihnen erkläre, wer sie wirklich sind, um sie in die Eigenverantwortung und Kraft zu bringen. In diesem Buch gehe ich noch tiefer in das Unterbewusstsein, um unsere tief verborgenen und abgespaltenen Anteile sichtbar zu machen, damit wir sie auf fast unglaublich einfache und schnelle Weise transformieren können.

Aber zuerst möchte ich mich kurz vorstellen, denn schließlich bist du ja beim Lesen mit mir verbunden und ich finde es wichtig, dass du weißt, wer da an deiner Seite ist.
In meinem Leben bis 1999 habe ich mich nicht nur kein bisschen für Spiritualität interessiert, nein, ich fand sie sogar lächerlich und habe einen großen Bogen um alles Unerklärbare gemacht. Das änderte sich dann schlagartig, als meine erste Tochter geboren wurde und mich aufrüttelte. Vom ersten Moment an hat sie begonnen mit mir zu arbeiten, ohne dass ihr das bewusst war. Warum das so ist, darüber erfährst du später mehr.

Ich wachte immer mehr aus meiner Illusion auf und hatte auf einmal den Kontakt zu meinem inneren Wissen wieder hergestellt. Ich bekam Tag und Nacht, egal wo ich mich aufhielt, plötzlich Gedanken und Informationen darüber, wer wir wirklich sind und ich begann

Fragen zu stellen, wie die Menschen es möglichst schnell schaffen aus ihren Dramen herauszukommen. Die Antwort war im Prinzip sehr einfach. Wir müssen nur erkennen wer wir wirklich sind. In meinem ersten Buch „Du bist göttlich, benimm dich auch so!" habe ich ganz ausführlich darüber geschrieben. In diesem Buch werde ich einiges davon in Kurzform noch einmal aufgreifen.

Wenn du denkst, dass ich alles, was ich auf einmal wusste, auch glaubte, irrst du, denn ich habe noch Jahre gebraucht, um das auch in mir zuzulassen. Ich hatte eine so große Blockade mit dem Glauben und wollte so lange nicht wirklich etwas mit diesen Dingen zu tun haben, bis ich begriff, woher diese große Angst kam. Erst als ich sie gesehen hatte, konnte ich sie umwandeln und endlich auch zu dem stehen, was da aus mir herauskam. Woher unsere Blockaden kommen, erläutere ich in diesem Buch ganz ausführlich. Es hilft dir, deine Themen schon beim Lesen zu erkennen, zu reflektieren und vielleicht auch schon zu lösen.

In diesem Jahr 2014 bekam ich die nächste Information, die uns helfen wird, an unsere tiefsten Schmerzen, u.a. den Trennungsschmerz, heranzukommen und sie zu transformieren und zwar auf eine so schnelle und einfache Weise, wie sie vorher noch nicht möglich war. Es geht in diesem Buch um tiefgründige Heilung und das Erwachen aus unserer Illusion.

Meiner Meinung nach ist die in diesem Buch beschriebene Methode eine der derzeit einfachsten und effektivsten, um an unsere tiefsten Blockaden heranzukommen.

Es ist nicht immer leicht, dieses Thema so zu verpacken, dass es für möglichst viele Menschen zu fühlen und zu verstehen ist. Da ich ursprünglich aus einer ganz anderen beruflichen Richtung komme und selbst die größte Skeptikerin war, fällt es mir relativ leicht, mich in die Leser hineinzuversetzen, die mit „diesen Dingen" noch wenig Erfahrung haben. Bei meiner Arbeit treffe ich eher auf Menschen, die bereits selbst als Heiler oder Therapeut tätig sind oder bereits viel an sich gearbeitet haben. Ich habe jedoch auch immer wieder Klienten, die noch nie damit in Berührung gekommen sind. Wenn deren Bewusstsein sich dann so schnell weiterentwickelt, empfinde ich es immer wieder als Wunder, wie schnell es geht, wenn die Zeit reif dafür ist. Ich gebe auf jeden Fall mein Bestes, um dich dort abzuholen, wo du dich befindest.

Noch ein kleiner Hinweis von mir: Da sich dieses Buch mit vielen tiefen, inneren Prozessen auseinandersetzt, bitte ich dich darum, es eigenverantwortlich zu lesen und nur das auszuprobieren, was für dich selbst vertretbar ist. Menschen, die psychisch sehr labil sind, sollten sich bei tiefen Heilungsprozessen zusätzlich in professionelle Hände begeben.

✳✳✳

Basiswissen für die Bewusstseinsarbeit

*

Mit Gelassenheit ist der Weg viel leichter

Kennst auch du die sportlichen Spirituellen? Die, die meinen, sie müssten alles auf einmal lösen und sich ganz schnell klären? Das ist nicht nur sehr anstrengend, sondern kann auch ganz schön böse enden.

Stell dir vor, dass alle abgespaltenen Anteile, die wir in uns tragen über viele Inkarnationen im Dunkeln lagen und nicht gesehen wurden. Wenn wir jetzt an uns arbeiten und langsam immer mehr Licht auf diese Anteile fällt, können sie sich nach und nach zeigen und wir können sie in einem angemessenen Tempo erkennen und transformieren, so dass unser System auch mitkommt. Wenn wir alles zu schnell gleichzeitig lösen wollen und auf diese Anteile plötzlich ein Flutlicht strahlt, zeigen sie sich natürlich auch. Gerne in Form von Ängsten, Problemen im Außen oder Krankheiten. Dann schaffen wir es nicht, alles auf einmal zu lösen und sind total überfordert.

Bewusstwerdung heißt, das Ego immer mehr zu erkennen und immer weniger darauf zu hören. Schuld, Angst, Minderwertigkeitsgefühle, das Gefühl von Trennung und mutterseelenallein zu sein, die Angst davor sich aufzulösen, das alles sind unsere Egospiele, die wir erkennen dürfen und loslassen können. Was wären wir ohne diese Gefühle und Gedanken? Arbeitslose Lichtarbeiter, weil wir nichts mehr zu tun hätten. :)

Der größte Trumpf unseres Egos ist der Glaube daran, dass wir getrennt sind von der Quelle, der Allliebe und von den Menschen. Damit bleiben wir immer schön in unserem Spiel und fühlen uns klein und verletzlich.

Ein weiterer Irrglaube ist, dass jemand uns für das verurteilt, was wir hier erleben und tun. Auch das hält uns im Spiel von Schuld und Scham und lässt uns nicht frei werden, solange wir daran festhalten.

Wir können hier tun und lassen, was wir wollen, wir werden von der geistigen Welt _nicht_ verurteilt. Wir sollen alles ausprobieren und uns erfahren. Wir treffen Entscheidungen aus unserem Ego heraus und bekommen die Resultate zu spüren, nicht mehr und nicht weniger.

Ich, zum Beispiel, möchte viel ausprobieren und erfahren. Ich versuche mich nicht so verrückt zu machen und zu kasteien, auch wenn es vielleicht besser für mich wäre, das eine oder andere nicht zu essen oder zu tun. Ich habe mein Ego noch und werde nach und nach meine Themen erkennen und loslassen, aber ich möchte mir nichts vormachen und stehe auch dazu, dass ich dafür Zeit brauche. Das Gefühl, so sein zu dürfen, hilft mir, ruhig und gelassen zu bleiben.

Das Ego wird oft als etwas Schlechtes dargestellt. Dadurch erzeugen wir aber einen Widerstand gegen uns selbst, denn unser Ego sind wir. In diesem Buch geht es zuerst darum, unser Ego und seine Berechtigung zu erkennen.

Unser Ego ist nichts anderes, als all unsere Gefühle und Denkmuster, die sich aus all unseren Erfahrungen geformt haben. Alles wird abgespeichert und nichts kann gelöscht werden, nur transformiert bzw. umgewandelt. Ein kurzes Beispiel dazu: Im Hier und Jetzt brauchen wir keine Existenzangst oder Todesangst zu haben und trotzdem sind sie da, weil unser Ego diese Ängste irgendwann einmal abgespeichert hat, als es uns tatsächlich schlecht erging. Die Seelenanteile, die sich bei jeder zu starken Angst tief ins Unterbewusstsein abgespalten haben, sind immer in Alarmbereitschaft, weil sie noch nicht erlöst wurden. Sobald also etwas kommt, was an diese Situation auch nur im entferntesten erinnert, springt unser Ego an und sagt: „Hallo, da bin ich mit meiner Angst!" Das passiert so lange, bis wir einen Weg gefunden haben, diese Angst in ein neues Gefühl umzuwandeln. Das befreite Gefühl ist das Vertrauen, das schon immer in uns war, allerdings durch die Angst sehr geschwächt.

Wir haben lange gebraucht, um all diese Blockaden in unserem Ego anzusammeln, daher versuche ich mir keinen Stress zu machen und gehe meinen Weg der Klärung in kleinen Schritten.

Alles im Leben hat seine Zeit. Es gibt eine Zeit zum Feiern, zum Fasten, zum Arbeiten, zum Trauern, zum Lieben, zum Lernen, zum Ausruhen. Das alles darf und muss sein, dafür sind wir hier. Wenn wir uns nicht richtig spüren und nur im Außen sind, werden wir manchmal zurückgeworfen, um zu erkennen, was gerade wirklich wichtig und dran ist. Das heißt aber nicht, dass der Umweg nicht seine Berechtigung hat. Alles hat zwei Seiten und das Universum wird immer dafür sorgen, dass alles im Ausgleich ist. Irgendwie lösen wir immer unsere Lernaufgaben, egal in welchem Tempo und auf welche Weise.

Unser Herz sehnt sich oft nach dem, was wir nicht haben und ist ungeduldig und unzufrieden, weil wir die Wichtigkeit unseres momentanen Prozesses nicht erkennen und wertschätzen.

„Jeder Moment ist von einem so unschätzbaren Wert, dass wir es mit unserem Bewusstsein nicht begreifen können"

***

Anwendung des Buches

Gleich zu Anfang möchte ich dich bitten, nur das anzunehmen, was sich in deinem Herzen richtig anfühlt, denn jeder hat seine eigene Wahrheit und ist selbst Schöpfer. Ich gebe hier nur Hinweise weiter, die ich erhalten habe und jeder Mensch kann sich das nehmen, was er braucht.
Halte bitte nach der nächsten Zeile kurz inne und gib den folgenden Impuls in dir ab:

„Ich möchte zu meinem höchsten Wohle das erkennen und loslassen, was ich mir vorgenommen habe, und freue mich auf alles, was sich zeigt."
Wenn du deiner Seele den Startschuss gibst, dass du bereit bist, das zu erkennen und zu lösen, was du dir vorgenommen hast und auch darauf vertraust, dass du intuitiv aus diesem Buch die Energien und Information bekommst, die dich darin unterstützen, dann können wir sofort starten und du kannst dich schön entspannen, denn es wird das geschehen, was geschehen soll.

Am Anfang des Buches wiederhole ich einiges aus meinem ersten Buch, was für das Verständnis des Lösungsansatzes unabdingbar ist. Es ist aber natürlich auch Neues dabei. Daher empfehle ich, das erste Kapitel auf jeden Fall zu lesen.

Die meisten dieser blockierten Energien tragen wir noch zu einem großen Teil in uns, denn schließlich haben wir sehr viele uralte Erfahrungen in unseren Zellen und unserem System gespeichert und sind kollektiv mit sehr vielen Energien verbunden.

Besonders die Themen, die wir am lächerlichsten finden, weil wir meinen, dass sie in uns nicht zu finden sind, können besonders tief und schmerzlich verdrängt worden sein.
Du gehst beim Lesen schon mit jedem einzelnen Thema in Resonanz, was auch wichtig und gut ist.
Wenn du dich beim Lesen dieses Buches dafür öffnest, dass sich die Dinge in dir zeigen und bemerkbar machen dürfen, die du noch zu lösen hast und die jetzt dran sind, dann kann dein System sie langsam ans Licht bringen. Das kann in Form von Emotionen sein, die du plötzlich wahrnimmst. Es kann sein, dass sich im Außen etwas extrem zeigt. Oder es kommt über die Zellen auf körperlicher Ebene und du spürst plötzlich eine Verkrampfung oder einen Schmerz. Es wird sich immer nur das zeigen, was du nehmen kannst und wozu du bereit bist.
Ein kleiner Tip vorweg: Wenn ein Thema gerade in einer unpassenden Situation hochkommt, sage zu diesem Anteil, dass du dich freust, dass er sich gezeigt hat, und dass du dich bei der nächst besten Gelegenheit darum kümmerst.

Wenn du dann mit allen Themen durch bist und hingefühlt hast, was sie bei dir angetickert haben, kommst du schließlich zu den Lösungsansätzen.

***

Unser Plan

Wenn es nur Licht gibt, weiß es nicht, wie es sich selbst anfühlt, weil es nur diesen Zustand kennt. Erst, wenn die Dunkelheit dazu kommt, kann das Licht damit in Resonanz gehen und sich als Licht selbst erfahren. Das nennen wir dann Dualität. So ist es auch mit Frau und Mann. Sie können sich selbst in ihrer Weiblichkeit und Männlichkeit erfahren, indem sie miteinander in Resonanz gehen. Nur durch unser Gegenstück können wir uns wahrnehmen, so wie wir in einen Spiegel schauen und uns sehen.

Wir alle sind lichtvolle Seelen und ein Teil unserer Seele möchte sich immer wieder auf der Erde erfahren. Dieser Teil unserer Seele möchte Emotionen fühlen, egal ob es sich um Angst, Aggression, Freude usw. handelt. Bevor wir auf der Erde inkarnieren, nehmen wir uns bestimmte Themen vor und verabreden uns auch schon mit anderen Seelen, um unsere Erfahrungen machen zu können. Wir wissen also bereits vorher, in welcher Familie wir inkarnieren, und welche Steine wir uns selbst mitnehmen, die uns dann netterweise von anderen in den Weg gelegt werden. Das ist genau der Punkt, warum für mich die Vorstellungen von Schuld und Vergebung nicht funktionieren.

In dem Moment, in dem wir hier geboren werden, durchlaufen wir einen Prozess des Vergessens. Unsere Schwingung hat sich bei der Inkarnation von hoch auf so niedrig verändert, dass wir die geistige Welt und unseren Schutzengel nicht mehr wahrnehmen können. Wir haben sofort das Gefühl der Trennung in uns, denn wir spüren die starke Verbindung mit der Quelle und der Allliebe nicht mehr. Anfangs, als Kind, ist die Verbindung dahin noch etwas stärker, lässt aber je älter wir werden mehr und mehr nach. Einige Kinder können noch mit der geistigen Welt sprechen und sie wahrnehmen oder wissen auch noch, dass sie keine Angst haben müssen, weil sie geliebt sind. Manche Erwachsene nennen das kindliche Naivität. Mit den Jahren erleben wir immer mehr Energien, die uns immer weiter von diesem Wissen abtrennen. Dann sehnen wir uns nach Liebe, Schutz und Anerkennung im Außen, weil wir es im Inneren nicht mehr fühlen. Wir haben uns von unserer Schöpferkraft, Selbstliebe und unserem Wissen entfernt.

Diejenigen, die wenig Halt und Liebe von den Eltern erfahren, haben sich diesen Weg bewusst ausgesucht, um die Liebe in sich selbst zu finden. Egal ob Eltern, Partner, Freunde oder sogar Tiere: Alle sind im Prinzip emotionale Puffer für unsere fehlende Selbstliebe, solange wir noch in der unerlösten Abhängigkeit von ihnen stecken.

Meistens treffen wir uns immer wieder mit denselben Seelen, in unterschiedlichen Konstellationen, was oft für Verwirrung sorgt. Wenn man z.B. in der letzten Inkarnation die Partnerin eines Mannes war und dieser Mann jetzt der Freund einer Freundin ist, dann kann in dieser Inkarnation immer noch eine starke Sehnsucht da sein, die aber gar nicht mehr hier hingehört. So erfahren wir in ganz vielen Beziehungen einen noch unerlösten Schmerz oder eine extreme Sympathie.

„Alles, was wir erfahren haben, war unsere eigene Wahl und wir waren mal die Guten und mal die Bösen, um die Dunkelheit zu erfahren"

Es gibt unterschiedliche Dimensionen oder auch Schwingungsebnen. Wenn wir sterben steigen wir in eine höhere Ebene auf und können dann auch wieder die geistige Welt wahrnehmen. Auf unserer Ebene, der dritten Dimension, können wir andere Wesenheiten nicht so leicht wahrnehmen, es sei denn wir öffnen uns dafür und unser Bewusstsein kann es schon zulassen. Das Ego und die Bewertungen gibt es nur in unserer dritten Dimension. Sobald wir unseren menschlichen Körper verlassen haben und wieder im Licht sind, gibt es nur noch einen so hohen Bewusstseinszustand, wie wir ihn hier mit unseren Worten gar nicht beschreiben können.

Es gibt niemanden, der uns für irgendetwas verurteilt, wir sind die Schöpfer unserer eigenen Erfahrungen. Die geistige Welt ist immer an unserer Seite und weiß, was für eine schwere Aufgabe wir uns hierher mitgenommen haben. Wir wollen den Weg aus der Dunkelheit ins Licht erfahren.

***

Kosmische Einflüsse

Alles verläuft in Perioden und ist in ständiger Bewegung. So ist es auch mit unserem Bewusstsein. Wir sind 26.000 Jahre immer weiter in die Dunkelheit gegangen. Jetzt, seit 2012, geht es endlich wieder in die andere Richtung. Wir erwachen ganz langsam aus unserer Illusion und finden den Weg zurück zu der Schöpferkraft in uns selbst.

Diese Perioden des Ab- und Aufstiegs haben wir unserem Planetensystem zu verdanken, das uns permanent beeinflusst. Jeder Planet hat eine bestimmte Energie und wirkt auf uns ein. Unser Horoskop mit all seinen Planeten ist der Fingerabdruck unserer vergangenen Erfahrungen. Anhand des Horoskops können wir erkennen, in welchen Bereichen wir z.B. traumatische Erlebnisse hatten oder wo wir manipulativ oder machtvoll gewesen sind. Im Horoskop finden wir verschiedene Lebensbereiche, z.B. die beruflichen Erfahrungen, Partnerschaften oder die Konstellation mit unseren Eltern und natürlich können wir auch sehen, welche Themen im spirituellen Bereich von Bedeutung waren. Wir können nicht exakt sehen, wie und wann sich etwas abgespielt hat, aber schon bis zu einem gewissen Grad, um welche Lernthemen es sich handelt.

Alle Erfahrungen, die unsere Seele auf der Erde gemacht hat, sind in uns gespeichert, in den Zellen und auf allen Ebenen unseres Seins.
Als wir geboren wurden, haben wir also dort wieder angefangen, wo wir im letzten Leben mit dem Lernen aufgehört haben. Daher bin ich auch der Meinung, dass wir

alles, was wir in diesem Leben abarbeiten können, auch angehen sollten, damit es immer leichter wird.

Die Planeten verändern sich jeden Tag und gehen mit uns jeden Tag individuell in Resonanz. Eine geschulte Astrologin kann, sobald sie Datum, Uhrzeit und Ort unserer Geburt kennt, genau bestimmen, welches Thema gerade dran ist, weil bestimmte Planeten in einer bestimmten Konstellation auf uns einwirken. Unseren Plan, wann welche Themen gelöst werden sollen, können wir nicht beeinflussen. Alles hat seine Zeit! Daher sage ich auch immer, dass wir uns hier nicht so unter Stress setzen müssen. Wir haben unser ganzes Leben und brauchen nur zu fühlen was gerade dran ist und entwickeln uns so einfach weiter. Die Horoskope aus Zeitungen haben übrigens leider nur einen Unterhaltungswert und nichts mit einer professionellen Analyse zu tun.

***

Das Resonanzgesetz und die wissenden Felder

Dieser Teil über die Resonanz ist super wichtig! Es macht so vieles klarer und leichter, wenn man damit arbeitet und ihn sich immer wieder bewusst macht.

Alles was existiert und jemals existiert hat ist Schwingung.
Alles hat eine Wirkung und beeinflusst dadurch auch alles andere was existiert. Nichts, was irgendwann als Schwingung existiert hat, wird jemals vergessen. Es kann verändert aber nicht gelöscht werden. Das Feld, in dem diese Schwingungen gespeichert sind, existiert überall und nennt sich das Morphogenetische Feld. Jedes Wort, jeder Gedanke und jede Handlung ist dort als Schwingung gespeichert.

Für diejenigen unter euch, die bereits Erfahrungen mit Aufstellungsarbeit haben, erzähle ich hier nichts Besonderes und ihr könnt es auch glauben, weil ihr es selbst erlebt habt und wisst, dass es tatsächlich so ist.

Jede Inkarnation, die wir erfahren haben und alle Ahnen, die vor uns gelebt haben, sind ebenfalls in diesem Feld gespeichert und nicht nur das, es geht sogar jederzeit mit uns in Resonanz.

Wir sind im Grunde ein großes Feld und ein Teil dessen, welches mit allem in Resonanz geht.

Je näher wir mit Menschen oder Dingen in Kontakt sind, desto stärker beeinflussen wir uns gegenseitig, weil die Felder stärker aufeinander wirken.

Wir lernen nur durch die Resonanz, die wir aufeinander ausüben. Menschen, die sich aus Angst aus dem Leben zurückziehen, können sich schlecht weiterentwickeln, da sie nicht mithilfe anderer Menschen und Situationen reflektieren können, wo sich noch Blockaden befinden.

Allerdings gibt es sogar für diese Menschen eine Notlösung um hinzufühlen, was noch zu klären ist und zwar (ihr werdet lachen) über das Fernsehen.

„Wie innen so außen" ist eine der wichtigsten Erkenntnisse und Gesetzmäßigkeiten die es gibt. Sie ist so einfach und doch so schwer zu beachten.
Egal, was uns im Außen begegnet und reizt, alle Menschen, Situationen im Fernsehen oder auch Krankheiten sind Zeichen dafür, dass wir uns diese Anteile noch nicht angesehen und sie angenommen haben. Wir ziehen immer das an, was wir noch zu lernen haben.
Besonders die Menschen, mit denen wir die stärksten Probleme haben zeigen uns genau die Anteile, die wir am wenigsten in uns selbst annehmen wollen. Viele Anteile sind so tief in unserem Unterbewusstsein und oft auch nicht aus dieser Zeit, dass wir gar nicht so leicht darauf kommen. Entweder waren wir selbst einmal genauso oder sind es sogar noch und wollen diesen Teil in uns nicht annehmen. Oder jemand stößt einen anderen Mangel an, den er damit aufdeckt. Sobald wir Menschen klar sind und mit unserem Herzen verbunden, wird uns nichts mehr im Außen antickern. Wir ziehen dann kei-

nen Widerstand an, weil wir damit nicht mehr in Resonanz gehen.
Wir haben immer die Wahl. Entweder wir übernehmen Verantwortung für uns selbst, gehen voller Freude an Herausforderungen zu, bleiben immer bei uns, fühlen immer wieder, was uns noch blockiert und sind dankbar für diese Erfahrungen oder wir schieben alles immer auf die anderen und machen es uns dadurch schlauerweise einfacher.

Die erste Variante ist etwas für Schöpfer und die zweite etwas für die Menschen, die lieber als Opfer durch das Leben gehen wollen. Wir haben, wie schon gesagt, immer die Wahl.
Ich denke wir alle kennen Menschen, die sich als Opfer der Umstände sehen. Dazu gehörte ich definitiv auch. Es ist wirklich oft etwas anstrengender immer bei sich zu bleiben und die Schuld nicht einfach auf die anderen zu übertragen, aber es wird dadurch mit der Zeit auch leichter. Man verliert die Angst und gewinnt immer mehr an Schöpferkraft. Es lohnt sich also definitiv an sich zu arbeiten.

„In dem Moment in dem wir unser Thema auf andere übertragen, verlieren wir sofort an Energie und entziehen gleichzeitig den anderen ihre Energie. Unser Ego freut sich dann zwar, aber unser Unterbewusstsein nicht. Es packt jetzt auf das Problem sogar noch ein Schuldgefühl drauf"

Ich möchte noch einmal ganz kurz darauf eingehen, wie stark wirklich alles miteinander in Resonanz geht, sogar feste Materie, wie z.B. Geräte, Autos oder Häuser. Alles ist Energie und wirkt aufeinander ein. Wenn wir im

Mangelbewusstsein sind, dann überträgt sich diese Schwingung natürlich auch auf die Gegenstände, die wir besitzen. Sie können dann z.B. kaputt oder verloren gehen. Ich nehme auch immer wieder gerne das Beispiel mit gebrauchtem Schmuck oder Möbeln. Wenn die Energien in diesen Gegenständen nicht neutralisiert wurden, kann es zu unangenehmen Nebenwirkungen kommen. In einem Fall z.B. hatte ein wohlhabendes Ehepaar einen alten Schrank gekauft und von da an nur noch Geldverluste erlitten. Es holte sich dann Hilfe um herauszufinden, wo die Blockade saß. Als sich herausstellte, dass sich die Blockade im Haus befand, konnte man schnell klären, dass es um den Schrank ging. Es kam heraus, dass sich dort im Krieg Flüchtlinge versteckt hatten, die natürlich unter extremer Existenzangst litten. Diese Energie übertrug sich letztendlich auf die neuen Besitzer.

***

Energiearbeit leicht gemacht

In den letzten Jahren sind so viele Bücher über die Themen Energiearbeit und Quantenheilung herausgekommen, dass die „Esoterikabteilung" in den Buchhandlungen ordentlich an Fläche gewonnen hat. Es interessiert immer mehr Menschen, wie wir uns selbst heilen können, was mich sehr freut, denn es ist ein Zeichen dafür, dass wir in die Eigenverantwortung gehen wollen und die Verantwortung nicht mehr den Ärzten übertragen.

Wenn die Zeit für Heilung gekommen ist und wir das Thema, das sich hinter der Krankheit verbirgt, gelöst haben, dann finden wir immer den richtigen Weg zur Heilung, da wir ihn anziehen werden. Sei es in Form einer alternativen Heilmethode, einer Therapie oder sogar einer Spontanheilung. Solange wir selbst noch etwas zu lernen haben, werden wir nicht den richtigen Weg anziehen, egal wie gut ein Heiler oder Therapeut auch ist.

Unser Körper will uns nicht ärgern, sondern uns helfen, an uns zu arbeiten. Alle Inkarnationen und auch die übernommenen Seelenanteile unserer Ahnen haben in unserem System und unseren Zellen Spuren hinterlassen. Diese gilt es jetzt langsam zu transformieren.

Da jeder Mensch individuell ist und manche nur zu bestimmten Methoden Zugang bekommen, möchte ich dir nun mehrere Möglichkeiten zur Energie- bzw. Heilarbeit vorstellen.

Die erste Möglichkeit ist etwas für Menschen, die sich gerne mit Engeln und aufgestiegenen Meistern beschäftigen.

Im Internet findet man viele Informationen dazu, welcher Helfer für welches Problem zuständig ist. Ich nehme gerne die Hilfe von Erzengel Michael in Anspruch, wenn es um Schutz geht. Ich bitte ihn einfach darum, dass er mich mit seiner Energie umhüllt, und stelle mir vor, dass ich einen blauen Umhang umlege, wenn ich unter viele Menschen gehe. Wir müssen uns nur dann schützen, wenn wir nicht in Kontakt mit unserem Herzen sind, was natürlich immer mal wieder vorkommt, bis wir vollständig geklärt sind.

In die violette Flamme von St. Germain stelle ich mich gerne, wenn ich mich reinigen möchte. Das kann man auch mit dem goldenen Christuslicht wunderbar machen. Im Prinzip können wir das auch alles alleine ohne unsere Helfer machen. Wenn wir nur die Absicht aussprechen, dann passiert das auch, aber ich finde die geistigen Helfer einfach so liebevoll und bin gerne mit ihnen in Kontakt.

„Egal, zu welcher Methode wir uns hingezogen fühlen, damit es funktioniert, ist das Vertrauen darein und in uns selbst das Wichtigste"

Das Gebet ist eine ganz einfache und effektive Lösung für viele Probleme. Beim Gebet geht es im Prinzip nicht um einen bestimmten Glauben, sondern nur darum, dass man sich sammelt und innehält und sich mit der höheren Ebene, der geistigen Welt verbindet. Dann kann man anfangen und einfach darum bitten, dass man selbst oder jemand anderes Heilung erfährt. Ich füge immer hinzu, dass es zu meinem höchsten Wohle oder zum höchsten Wohle von ... geschehen soll, damit die Energien so wirken, wie es eben am besten ist. Denn wer kennt schon die Absicht der Seele? Wenn wir etwas in Auftrag geben, dann ist es wichtig, dass wir uns vorstellen, dass wir oder die andere Person bereits gesund sind, denn das soll ja die Lösung sein und die

Energie folgt immer der Aufmerksamkeit

Es reicht, einmal den Auftrag abzuschicken, und das sollte von ganzem Herzen und im totalen Vertrauen geschehen. Je klarer und selbstverständlicher wir das Gebet sprechen, um so stärker ist die Wirkung. Wenn wir zuversichtlich sind, dass die Heilung eintritt, dann überträgt es sich auch schon sofort auf die Person.

Wir denken bei einem Gebet häufig, dass jemand anderes von außen die Heilung bewirkt, nicht wir, aber so ist es nicht. Nur wenn wir mit dem Herzen im Gebet sind, d.h. ohne manipulative Gedanken, kann aus unserer Herzensenergie der Startschuss ins kollektive Feld und auch in die geistige Welt geschickt werden. Alle Heilenergien können dann so damit in Resonanz gehen und zurückgesendet werden, wie es ausgesendet wurde, nämlich mit lichtvoller Herzensenergie.

Jede Krankheit ist im Prinzip nur verdunkeltes Licht, das von der Liebe entfernt ist und die höchste Heilenergie ist die Liebe. Wir bitten also um Hilfe für uns selbst oder für andere, könnten aber theoretisch auch die Abkürzung nehmen und direkt unser Herz dafür öffnen und die Energie dorthin fließen lassen, wo sie gebraucht wird. Dazu kommen wir dann im letzten Schritt.

Jeder hat Heilkräfte in Form von reinem Bewusstsein. Es ist eine sehr reine und hohe Frequenz, die uns immer und unendlich zur Verfügung steht. Was uns davon abhalten kann es einzusetzen, ist fehlendes Vertrauen in uns selbst.

Alle Heilinformationen, die jemals entwickelt worden sind, z.B. in Form von Schwingungsbildern, Affirmationen, Bachblüten, Homöopathie oder Pflanzen, sind im wissenden Feld als Informationen gespeichert und jederzeit von uns abrufbar, allein durch unser Bewusstsein, den konkreten Auftrag und das Vertrauen.

Wir können damit so viel einschwingen und besenden und es ist sehr simpel. Wir können diese Heilenergien an Wasser, Globuli, an uns selbst oder andere Personen senden. Dazu brauchen wir uns nur auf das Thema zu konzentrieren und darum zu bitten, dass alle Energien, die zur Heilung nötig sind, zum höchsten Wohle von... dort hineinfließen. Wir können uns dazu vorstellen, dass die Energie aus unseren Händen fließt. Die Hände können wir um das Wasserglas oder die Globuli, direkt auf die andere Person oder unseren eigenen Körper legen und sie so lange hineinfließen lassen, bis wir das Gefühl haben, dass es gut ist.

Selbst wenn eine Person weiter weg ist, funktioniert das problemlos. Du brauchst dir nur vorzustellen, dass die Person in Miniaturform zwischen deinen Händen steht und die Energie aus deinen Händen so lange hineinfließt, bis du wieder den Impuls bekommst, dass es reicht. Das kannst du auch ganz wunderbar mit Tieren machen, denn die wollen oft nicht berührt werden. Sie können dann herumlaufen während du ihnen Heilenergie sendest.

Die letzte Möglichkeit, ohne Hilfsmittel oder Ausbildungen zu heilen, funktioniert mit dem reinen Bewusstsein, das jedem logischerweise zur Verfügung steht.
Es ist nicht viel anders als ein Gebet, es fühlt sich aber anders an und die Wirkung ist auch eine andere. Wobei ich mich, was das angeht, mit Bewertungen sehr zurückhalten möchte, denn wichtig ist bei jeder Methode nur, dass sie stimmig für uns ist.
Die Arbeit mit reinem Bewusstsein ist super unkompliziert, wenn man sie drauf hat. Unser reines Bewusstsein ist die totale Herzensenergie, frei von Ängsten, Bewertungen und Vorstellungen. Man ist nur im Moment, im totalen Vertrauen und im Sein.
Diese Energie ist frei von allem, bringt Heilung überall hin und alles in die Lösung. Um an diese Energie in uns heranzukommen, müssen wir uns im Moment von der ganzen verstandesmäßigen und emotionalen Ebene befreien und nur Sein. Wie das geht? Durch Übung und Vertrauen!

Um den Geist für einen Moment freier zu machen und diese Energie des reinen Bewusstseins zu spüren, kannst du die folgende Übung machen:

Du kannst dich einfach so auf die Luft oder das Nichts in dem Raum, in dem du dich befindest, konzentrieren. Versuche den Blick von den Gegenständen wegzulenken und achte auf das Nichts bzw. das Energiefeld, das da ist, aber eben nicht sichtbar. Du spürst dann, wie es in dir ruhiger wird und du einen inneren Blick bekommst. Diesen Zustand brauchst du, um mit dem reinen Bewusstsein zu arbeiten. Es ist die absolute Ruhe und Klarheit im Moment. Alles im Außen ist nach hinten gerückt. Gedanken nehmen immer mehr an Bedeutung ab und fließen hin und her. Nimm dann mal einen Teil dieser Energie zwischen deine Hände und versuche sie zu spüren, indem du deine Hände mit einem Abstand von ca. 10cm vor dich hältst. Am Anfang fällt es vielen noch schwer für längere Zeit diese Energie zu halten, weil der Kopf sich immer wieder dazwischenschaltet. Aber mit der Zeit wird es immer leichter. Wenn du es also geschafft hast, dich in diesen Zustand zu bringen, kannst du damit arbeiten.

Diese Schwingung und dieser geistige Zustand ist die reine Schöpferkraft und du kannst dieses Feld überall nutzen. Du konzentrierst dich erst einmal auf dieses Feld, damit du den beschriebenen Zustand erreichst. Dann kannst du z.B. einem gebrochenen Arm die Information übertragen, dass er vollkommen gesund ist und die Zellen werden mit dieser hohen Schöpferenergie in Resonanz gehen.

Überall dort, wo wir unsere Aufmerksamkeit hinlenken, wird eine hohe Schöpferenergie wirken. Wir können auch einfach den ganzen Körper in einen großen Ball von reiner Energie legen und die Absicht „gesunder Körper" hineingeben. Die Energie wird dann immer zum höchsten Wohle helfen.

Dazu stelle ich mir gerne vor, dass ich einen riesigen durchsichtigen Energieball vor mir in meinen Händen halte. Dort hinein gebe ich Personen, Situationen, Häuser, einfach alles, was ich energetisch in die Heilung bringen möchte. Es badet so lange in dieser reinen Bewusstseinsenergie, bis ich wieder das Gefühl habe, dass es gut ist. Ich konzentriere mich dabei nur auf das Feld, gebe einmal meine Heilintention ab, lasse dann los und die Energie wirken, und nur im Hinterkopf nehme ich das war, was darin badet.

Wir können auch, wie bereits erwähnt, diese wunderbare Energie in Situationen geben, z.B. in einen Streit zwischen zwei Personen. Dazu stellen wir beide Personen in diese reine Energie, geben einmal unsere Absicht, z.B. von Klärung und liebevollem Umgang, hinein und können dadurch die Schwingung erhöhen und der Heilungsweg kann sich bilden.

Gegenstände lassen sich mit dieser Technik auch ganz wunderbar von alten Energien befreien. Wenn wir einen Schrank haben, den wir reinigen möchten, können wir die Intention hineingeben, dass der Schrank wieder seine reine Ursprungsenergie als Schrank hat und können ihn dann einfach in ein großes Feld mit dieser Energie stellen. Wir können das Feld mit unseren Gedanken so groß machen wie wir wollen und legen unsere Aufmerksamkeit dann nicht auf den Schrank, sondern auf das unsichtbare Feld, das jetzt wie ein großer Ball um den Schrank herum wirkt. Wir können den Schrank auch imaginär zwischen unsere Hände nehmen und ihn dort in das reine Bewusstseinsfeld legen. Dasselbe funktioniert natürlich auch mit Heilsteinen, Schmuck usw..

Wir können alles um informieren in die Energie, die wir gerne hätten. Wichtig ist immer eine positive Formulierung der Absicht, keine negativen Wörter. Wenn du z.B. ein Medikament nehmen musst, kannst du sagen, dass es bitte nur die dir zuträglichen Schwingungen überträgt und dir zu deinem höchsten Wohle dienlich ist. Genauso kannst du es mit dem Stromkreis, Essen, oder Wasseradern machen.
Wir können auch dem Auto sagen, dass es uns bitte immer zuverlässig und verbrauchsarm überall hinbringt.
Die Dankbarkeit für alles und jeden, der daran beteiligt ist, vom Engel bis zum Auto, ist für den Abschluss bei allen Heilmethoden ganz wichtig! Dankbarkeit, Wertschätzung und Demut sind sehr wichtige Impulse, die unbedingt dazu gehören.

Wir lernen, durch diese Arbeit positiver zu denken und zu fühlen. Normalerweise fällt es uns viel leichter negativ zu denken und zu fühlen und leider hat natürlich auch das eine Schöpferkraft.

***

Wie kreiere ich richtig?

Das ist wirklich ganz einfach und bedarf nur einer kurzen Erklärung. Jeder Gedanke, den wir aussenden, kreiert auch etwas, ohne dass uns das bewusst ist. Das bewusste Kreieren unterscheidet sich vom einfachen Denken nur dadurch, dass wir vorher bewusst entscheiden, was uns die Zukunft bringen soll. Wir können dabei eigentlich nicht viel falsch machen, wenn wir einige Regeln befolgen:

Überlege dir vorher gut, was du dir kreierst, denn du bist dafür verantwortlich und musst dann damit leben.

*

Fühle vorher genau hin, ob dies schon dran ist, ob du es wirklich brauchst und ob es nicht nur eine kurze Phase ist. Frage am besten dein Herz, was es dazu sagt, denn nur wenn dein Herz in einer guten Frequenz damit schwingt, funktioniert es auch.

*

Wenn du etwas kreieren willst, sollte es so klar wie möglich sein und deine Vorstellung davon sollte sich selbstverständlich anfühlen, so als ob es schon da wäre. Du musst es auch annehmen können und davon überzeugt sein, dass es eintrifft. Viele wünschen sich etwas und können gar nicht mit Fülle und Glück umgehen oder sind im Misstrauen.

Wenn du mit dem Formulieren des Wunsches fertig bist, dann schicke ihn einfach in den Kosmos ohne zu zweifeln und lasse los. Danach wendest du dich ganz gelassen deinem Alltag zu und wartest ab, bis es sich entwickelt hat. Gehe ins Vertrauen und lasse es geschehen. Du bist ungefähr so, wie ein werdender Vater, der auf das neue Kind wartet und nicht viel machen kann, während es sich im Mutterleib entwickelt.

*

Es können kurzfristige Wünsche sein, wie der Wunsch nach einem freien Sitzplatz im Bus, oder langfristige Wünsche, z.B. nach einem neuen Arbeitsplatz. Wenn etwas dran ist, dann geht es leicht und man hat oft das Gefühl, es grenzt an ein Wunder, wie sich die Dinge plötzlich fügen.

*

Sobald ein Mangelbewusstsein hinter unserer Absicht steckt, werden wir auch Mangel bekommen. Wenn wir hinter etwas, das wir in unserem Inneren nicht fühlen können, herlaufen um es zu bekommen, werden wir es abstoßen, wie zwei gleiche Magnetpole, weil es nicht mit uns in Resonanz geht.

Wenn sich beispielsweise jemand einen liebevollen Partner wünscht, sich aber selbst nicht lieben kann und den Partner braucht, um die Liebe über das Außen zu erhalten, wird er natürlich das ernten, was er gesät hat, einen Partner der auch einen Mangel hat.

Unsere Lernaufgaben und Widerstände

*

Wenn die Seele verrückt ist

Wir haben eine große Seele und ein Teil dieser Seele ist hier inkarniert, um seine Erfahrungen zu machen. Dieser Teil hat mehrere feinstoffliche und den materiellen Körper. Auf allen Ebenen sind unsere vergangenen Erfahrungen gespeichert. Wir haben viele negative Erfahrungen gemacht und manchmal waren diese so heftig, dass wir regelrechte Schocks erlitten haben. In diesen Fällen haben sich dann ein oder mehrere Seelenanteile gelöst und sind so tief in unser Unterbewusstsein abgetaucht, dass wir es nicht mehr fühlen konnten, die sogenannte Abspaltung. Das war auch der Sinn, denn im Moment des Schmerzes wollten wir nicht mehr fühlen und haben uns von diesem Schmerz getrennt. Der Schmerz ist jedoch niemals wirklich weg, sondern er liegt über den freien Gefühlen, Liebe, Lebensfreude und Vertrauen und blockiert uns dadurch. Wir ziehen dann so lange Situationen an oder der nicht gelöste Schmerz manifestiert sich in körperlichen Symptomen, bis der Schmerz endlich gesehen und angenommen wird. Dazu später mehr.

Wenn zu viele Anteile von unserem Herzen abgespalten sind, dann können wir kaum noch fühlen und sind nicht klar. Manchmal ist sogar die Aura verletzt oder nicht mehr direkt am Körper. In diesen Situationen wirkt ein Mensch unter Umständen tatsächlich, als sei er verrückt. Das Wort verrückt ist absolut passend, denn der

Anteil ist auch von unserem Herzen ins tiefe Unterbewusstsein ver-rückt, genauso wie die Aura vom Körper weggerückt ist.

Es gibt viele Menschen, denen man diesen Schmerz gar nicht ansieht oder bei denen man ihn nicht vermuten würde, da sie sehr lustig erscheinen oder auch in extremen Situationen total cool bleiben. Das liegt daran, dass sie ihr Herz so schnell zu machen, dass sie es nicht einmal bemerken. Sie denken dann zwar, dass sie fühlen, sie tun es aber nicht mehr. Diesen Menschen geht es von außen betrachtet vielleicht sehr gut. Sie kommen gut zurecht, denn ohne Herzöffnung können sie auch nicht verletzt werden. Die Sehnsucht nach tiefer Liebe und freien Gefühlen ist aber im Unterbewusstsein immer da.

„Das Paradoxe ist, dass wir denken, dass wir verletzt werden, wenn wir unser Herz öffnen, dabei ist es genau umgekehrt - es wird verletzt, weil wir es aus Angst nicht öffnen und die Angst so lange noch von außen gespiegelt wird."

***

Die Erschöpfung

Wer kennt das nicht, ein Gefühl von Erschöpfung, sogar wenn man nicht viel macht. Dieses Gefühl kommt daher, dass wir in Wirklichkeit sehr viel machen. Wir nehmen viel mehr wahr als uns bewusst ist und verändern permanent unser Bewusstsein, ohne dass wir das kontrollieren oder steuern können.

Früher haben wir funktioniert, hatten unsere Strukturen und dachten wir seien sicher in unseren Jobs, Familien und der Gesellschaft. Wir hatten auch Krisen zu bewältigen, aber trotzdem das Gefühl von Sicherheit, denn wir kannten ja unser Ego und die Komfortzonen, in die wir flüchten konnten. Das ist jetzt nicht mehr so.
Unsere Illusion bekommt jetzt Risse, wie in dem Film „Die Truman Show". Auch im Film „Matrix" findet man unsere derzeitige Situation wieder. Falls du diese Filme kennst, verstehst du bestimmt was ich meine. Jetzt geht es darum fliegen zu lernen, ohne Halt, nur im totalen Vertrauen.

Durch die kosmische Konstellation hat sich die Schwingung (das Licht) so erhöht, dass die dunklen Anteile, die wir so schön verdrängt hatten, keine Chance mehr haben sich zu verstecken. Natürlich ist das jetzt so anstrengend, dass wir uns manchmal wünschen, wieder in die Illusion zu gehen. Wenn wir uns aber überlegen, wie wir uns fühlen werden und was mit der Erde passiert, wenn wir uns alle geklärt haben und nur noch in Klarheit und Liebe zusammen leben, dann finde ich lohnt sich diese Anstrengung sehr.

Wir leben in einer Zeit der Transformation. Das alte Bewusstsein ist noch da und das neue bis zu einem gewissen Grad auch schon. Wir springen zwischen diesen Ebenen hin und her, was unser System eben auch stresst. Mal sind wir völlig klar, mit allem eins, und am nächsten Tag fühlen wir uns wie spirituelle Erstklässler.

Gelassenheit, Vertrauen, Klarheit, Eigenverantwortung und Selbstliebe sind die fünf Musketiere, die uns bei unserem Prozess helfen. Verbinde dich mit diesen Energien und es wird leichter für dich. Diese Ressourcen sind in dir gespeichert und abrufbar, du brauchst nur zu sagen: „Ich bin vollkommen gelassen und im Vertrauen." oder „Ich bin selbst der Schöpfer meines Lebens und liebe mich bedingungslos mit all meinen Blockaden.".

Ich habe bei meinen Workshops manchmal die Frage gestellt, ob jemand den „Ich-gebe-auf-Knopf" drücken würde, wenn es ihn gäbe, um danach wieder im Licht zu leben. Tatsächlich haben immer einzelne mit „ja" geantwortet.

Wir wissen, dass das alles hier so wichtig für uns ist, und manchmal, wenn wir kurz davor sind zu drücken, weil wir so erschöpft sind, machen wir einen ganz enormen Schritt und ein Hebel wird umgelegt. Es ist wie bei einer Wiederbelebung. Plötzlich entscheiden wir uns dann doch selbstständig und eigenverantwortlich weiter zu atmen und machen die Augen wieder auf.

***

Das fehlende Vertrauen in den eigenen Glauben

Ganz kurz vorweg: Es ist immer schwierig einen Begriff für die Quelle, Gott oder die Höhere Macht zu wählen, den alle gleich gut finden. Mir ist die Bezeichnung eigentlich egal, da es sowieso nur eine Egosache von uns Menschen ist. Ich nenne es in diesem Buch wahrscheinlich mal so und mal so, sei deswegen also nicht irritiert.

Man kann sagen, dass es sich bei der fehlenden göttlichen Anbindung oder dem fehlenden Glauben um den Basis-Urschmerz handelt, der die Ursache für alles andere ist. In dem Moment, in dem wir uns auf der Erde inkarnieren, beginnt der Trennungsschmerz bereits und wird von da an immer stärker.

Dieser Schmerz ist die Ursache dafür, dass wir uns nie bedingungslos geliebt und angenommen fühlen. Daraus entsteht dann das Mangelbewusstsein. Wir suchen so lange im Außen nach Anerkennung, Liebe, dem Sinn des Lebens und fühlen uns dabei mutterseelenallein, bis Angst und Verzweiflung zu Wut, Neid und Manipulation führen. Darunter sitzt aber nach wie vor der Trennungsschmerz als Auslöser dafür, dass wir all diese Erfahrungen machen können.

Wir hatten so unendlich viele Leben auf dieser Erde und sie sind alle in unserem System gespeichert. In jedem Leben hatten wir Situationen, in denen unser Glaube immer weiter abnahm. Wir verloren so oft unsere Eltern, Partner und Kinder oder öffneten gerade unser

Herz für jemanden und wurden dann zutiefst verletzt. Wir haben körperliche Schmerzen erlitten und grausame Dinge erlebt.

Viele, die heute Heiler oder Therapeuten sind, waren schon in früheren Inkarnationen in der gleichen Branche tätig, aber haben damals dafür oft Verurteilung und im schlimmsten Fall sogar Folter und Tod erfahren.

Wie viele Kriege wurden im Namen Gottes geführt und wie gut konnten die Menschen über den Glauben manipuliert werden. Kein Thema erzeugt mehr Widerstand und Hass als der Glaube.

Ich finde es erstaunlich, dass wir überhaupt noch Religionen haben, nach dieser ganzen Geschichte. Es zeigt im Grunde nur die unglaublich starke Sehnsucht der Menschen nach einem Glauben und nach einem Halt. Es ist in fast allen Kulturen das wichtigste Thema und die Suche nach Erleuchtung und Gnade hörte niemals auf. Wenn wir nicht alle spirituelle Wesen wären, hätten wir doch dieses Thema schon längst aufgegeben, nachdem es so viel Stress und so wenig Spaß gemacht hat.

Es ist doch klar, dass wir durch all diese schmerzlichen Erfahrungen allmählich den Glauben verloren oder einen Gott dafür verantwortlich gemacht haben und nicht nur zutiefst enttäuscht sind, sondern auch wütend und verunsichert.

Da wir alle beide Seiten im Thema Glauben und Kirche bedient haben, die Täter- und Opferseite, gibt es auch ein ganz großes Schuldgefühl, das meistens schwerer anzunehmen und zu lösen ist als der Opferschmerz. Menschen, die grausame Taten vollbringen, sind ganz weit von ihrem Herzen und von der Quelle entfernt, sonst könnten sie das nicht tun. Sie tragen einen so tiefen Trennungsschmerz in sich und ihre Schuld sitzt so schwer darauf, dass sie da nur herauskommen, wenn sie irgendwann erkennen, dass das alles zu ihrem eigenen Plan gehörte, und sie ihren eigenen tiefen (selbstgewählten) Schmerz sehen und annehmen. Das Schwierige daran ist, dass keiner gerne zugibt, dass er auch mal der Böse war. Daher liegen diese Themen weiter unten in unserem Bewusstsein und ärgern uns dort so lange, bis wir so weit sind, uns das anzuschauen und es anzunehmen.

> „Alles, was wir annehmen, geht.
> Alles, was wir ablehnen, bleibt."

Ich behaupte, dass die wenigsten das tiefe, unerschütterliche und bedingungslose Vertrauen in die göttliche Anbindung haben. Viele denken, sie hätten es, weil sie beten oder an eine höhere Macht im Außen glauben. Das ist aber nicht der tiefe Glaube an die eigene Schöpfermacht und die direkte Verbindung zur Allliebe.

Wenn es um die Anbindung an den Glauben geht, denken einige vielleicht, dass es um eine Verbindung von uns zu einer Macht oder Quelle außerhalb geht. Die Anbindung findet aber nur in uns selbst statt, vom Kopf ins Herz. Wir selbst sind die Quelle und tragen alles in uns, was wir immer gesucht haben, nämlich die bedingungslose Liebe. Wir sind eins mit allem, auch mit der Quelle. Wir sind die Quelle und die Quelle sind wir.

***

Schuld und Scham - Die Dauerkrise

Alle Gedanken und Gefühle, die nicht Liebe sind, kommen aus dem Ego. Alles Negative, das wir über uns selbst oder über andere denken und fühlen, wird von unserem Unterbewusstsein in Schuld und Scham umgewandelt und landet auf einem dicken Stapel, der über der Selbstliebe liegt.

Wenn wir mit uns unzufrieden sind oder mit anderen Stress haben, will unser Ego ganz schnell einen äußeren Grund dafür finden, damit der eigene Schmerz dahinter auf keinen Fall gesehen wird. Wir machen dann eine Person oder einen Umstand oder sogar eine höhere Macht dafür verantwortlich. Erst einmal freut sich unser Ego, weil es denkt, dass das Thema jetzt erledigt ist. Unser Unterbewusstsein merkt das aber sofort, fühlt sich schuldig und schämt sich. Dadurch wird es bei der nächsten, ähnlichen Situation noch stärker mit Widerstand reagieren und noch wütender auf sich selbst sein. Die Katze beißt sich so immer wieder in den Schwanz. Wir kommen aus dem Egospiel nicht heraus.

Fast jeder von uns schafft sich ein Krisenthema, seien es die Kinder, das Geld, der Partner oder der Beruf. Warum tun wir das immer wieder, obwohl es doch so einfach sein könnte es uns gut gehen zu lassen? Weil wir es nicht aushalten, wenn es uns gut geht. Wir brauchen die Krise, weil sie sich perverserweise gut für uns anfühlt, weil wir das Bedürfnis nach Bestrafung haben oder auch das Gefühl von Lebensfreude und Leichtigkeit noch gar nicht kennen. Das alles hat natürlich auch etwas mit unseren Erfahrungen aus den Vorleben zu tun.

Wenn wir beispielsweise immer nur gedient haben, ist es für uns selbstverständlich uns klein zu fühlen. Wir würden uns sogar schämen, wenn es uns besser ginge. Es kann aber auch genau umgekehrt gewesen sein, dass wir andere klein gemacht haben und uns jetzt aus dem Schuldbewusstsein heraus nicht erlauben, Lebensfreude als selbstverständlich anzusehen.

Diejenigen, bei denen dieses Thema sehr präsent ist, befinden sich in einer Dauerkrise. Sie versuchen immer wieder alles hundertprozentig gut zu machen und quälen sich dadurch immer wieder selbst. Wenn wirklich einmal alles gut ist, erschaffen sie sich gleich wieder eine neue Krise, um es wieder schlecht zu machen.

Diese selbst erzeugten Krisen zeigen sich in unterschiedlichen Bereichen. Die Kinder sind vielleicht das Thema einer Mutter, die immer das Gefühl hat, sie muss perfekt sein. Wenn jemand sich über das Geld die Krise schafft, kann das so aussehen, dass er, wenn er gerade Geld hat, es sofort wieder ausgeben muss, damit die Geldkrise schnell wieder da ist.

Es ist ein ziemlich nerviges Thema, welches wir jetzt erkennen dürfen, damit wir statt der Krise Lebensfreude und Leichtigkeit erfahren können.

***

Manipulation und Abhängigkeiten

Dieses Thema ist für mich eines der schwierigsten, denn es hat mit den dunkelsten Seiten in uns zu tun und ich weiß, dass es nicht wirklich Spaß macht, sich damit auseinanderzusetzen.
Wir haben alle, ohne Ausnahme, diese Anteile in uns, deswegen ist es auch so wichtig, dass wir darüber sprechen, damit es uns wieder bewusst wird.

Ich wollte lange nichts mit den dunklen Seiten unserer Vergangenheit und Gegenwart zu tun haben, sondern nur mit lichtvollen Dingen. Mein Widerstand bzw. meine Angst und Arroganz gegenüber dieser Seite waren enorm groß. Ich dachte lange Zeit, dass die dunklen Anteile in uns von alleine verschwinden, wenn wir uns nur noch der lichtvollen Seite zuwenden. Da habe ich selbstverständlich falsch gedacht. Meine Augenöffner waren meine eigenen Klienten. Ein/e Klient/in nach der/m anderen kam mit diesen Themen zu mir. Sie fühlten sich so hilflos, weil kaum jemand mit ihnen arbeiten wollte und konnte, da ihr Misstrauen anderen gegenüber so stark war.
Anfangs bekam ich richtig Beklemmungen, denn ich konnte ihren tiefen Schmerz, der sich nach Verbitterung, Misstrauen und Selbsthass anfühlte, kaum aushalten.

Meine größte Herausforderung war, sie liebevoll ins Vertrauen zu bringen, damit sie zulassen konnten, dass jemand auf ihre dunklen Seiten schaut. Langsam wurde mein Widerstand kleiner und ich öffnete mein Herz für diese Anteile in den Menschen und gleichzeitig in mir selbst. Besonders diese tief verletzten Anteile brauchen so viel Liebe, nur tun sie sich so schwer damit, dieses Licht auch anzunehmen.

Klienten, die dieses Thema sehr extrem haben, sind so tief verletzt und haben so viel Dunkelheit als Opfer und Täter in den vergangenen Inkarnationen erlebt, dass sie im Grunde den Schmerz brauchen und niemandem, nicht einmal sich selbst, vertrauen können. Oft fühlen sie sich nicht einmal mehr würdig geliebt zu werden. Das spielt sich allerdings so tief im Unterbewusstsein ab, dass sie selbst es gar nicht spüren und behaupten würden, sie warteten nur darauf endlich geliebt zu werden.

Wer damit ein Thema hat, empfindet sich selbst im Alltag oft als sehr liebevoll und zuvorkommend, tut für andere wirklich alles und wird trotzdem ständig von anderen vor den Kopf gestoßen. Er/Sie läuft hinter Anerkennung her und bekommt das Gegenteil, abwertende Haltung und Verletzungen.

Du kennst doch bestimmt das Wort Schleimer, das bringt es auf den Punkt. So unangenehm fühlt es sich nämlich manchmal für die anderen an, wenn jemand versucht super nett und zuvorkommend zu sein und in Wirklichkeit einen tiefen Schmerz in sich trägt. Diese Menschen versuchen unentwegt Anerkennung von außen zu erhalten, können sie aber gar nicht annehmen, weil sie, wie bereits erwähnt, der Meinung sind, es nicht verdient zu haben und sie das Spiel mit diesem Schmerz so gewohnt sind.

Was ist mit uns passiert, dass wir so tief verletzt sind?

Wir sind sehr oft enttäuscht worden, sobald wir jemandem oder einer Sache vertraut haben. Auch hier sitzt natürlich der Schmerz der Trennung von der Quelle wieder ganz tief. Wenn wir auf einen Gott vertraut haben oder einer großen Liebe bedingungslos unser Herz geöffnet haben, wurden wir oft zutiefst verletzt, gerade aus der Richtung, aus der wir es nicht erwartet hätten. Dieser Stachel im Herzen war so schmerzlich, dass sich daraus Verbitterung und großes Misstrauen entwickelt haben.
Das Herz wurde tief verletzt und die Spirale von Misstrauen und Manipulation ging immer weiter.
Damit wir heute nicht alleine sein müssen, bringen wir uns selbst in unangenehme Abhängigkeiten oder machen andere von uns abhängig. Wir müssen manipulieren, um das zu bekommen, was wir brauchen oder lassen uns manipulieren. Der Schmerz darunter ist derselbe.

Besonders im Namen der Kirche oder in religiösen Organisationen wurde viel mit dunkler Energie gearbeitet. Rituale wurden nicht selten missbraucht, um Menschen zu manipulieren und abhängig zu machen. Wenn wir uns vorstellen, was wir da alles erlebt haben und was es auch heute immer noch gibt, dann ist es kein Wunder, dass wir so ein schlechtes Gewissen haben und uns so schäbig fühlen. Dadurch haben wir nicht nur große Schwierigkeiten uns selbst zu lieben, wir erlauben uns auch nicht, von anderen geliebt zu werden, und schon gar nicht von Gott.

Alles, was wir in diesem Bereich erlebt haben, gehört zu den wichtigsten Erfahrungen unserer Seele, weil es uns besonders weit weg von der lichtvollen Schwingung der Quelle gebracht hat.

Besonders in dieser Zeit der Unsicherheit gibt es viele Menschen, die sich unbewusst in Abhängigkeiten bringen, weil sie an sich selbst zweifeln oder sich nicht lieben können.
Aus diesem Grund erleben auch gerade Netzwerke und Gruppengründungen einen so großen Boom wie nie zuvor, sei es im Berufsleben, in unterschiedlichsten politischen Bereichen oder durch Menschen, die einen bestimmten Fetisch verehren oder Stil leben. Ganz stark vertreten sind natürlich auch die Gruppen, die sich über ihren Glauben zusammentun.

Gruppen und Netzwerke sind eine gute Möglichkeit sich auszutauschen und gegenseitig zu unterstützen, vorausgesetzt man ist bereits so im Selbstvertrauen und in der Selbstliebe, dass man diese Energie hineingibt und sie auch wieder zu einem zurückfließt.
Leider ist das bei den wenigsten Menschen in solchen Vereinigungen der Fall, denn wir sind noch ganz am Anfang unserer Klärung und Heilung. Meistens werden Vereinigungen von Menschen gegründet, die andere Menschen manipulieren müssen, weil ihr Thema noch nicht gelöst ist und sie ziehen natürlich die Menschen an, die selbst manipuliert werden wollen, weil ihr Thema auch noch nicht gelöst ist. Die Menschen haben ein starkes Bedürfnis nach Anerkennung und Liebe, daher sind Kontakte zu vielen Menschen eine Befriedigung für uns. Dieser Schmerz ist auch für die Abhängigkeit von

den sozialen Netzwerken im Internet zuständig. Die Menschen bewerten sich selbst über die Anzahl ihrer Kontakte und stellen ihr Leben ins Netz, damit andere sie bewundern können. Organisationen und Mitglieder befriedigen sich gegenseitig ihre Bedürfnisse.

Das, was außen nach heiler Welt, Liebe, Freundschaft, Hilfsbereitschaft und Verständnis aussieht, ist sehr oft aus verschiedensten Ängsten entstanden.
Besonders die Menschen mit übertriebenem Helfersyndrom, die andere unterstützen möchten, suchen oft verzweifelt Anerkennung oder haben Angst in ihre eigene Kraft zu kommen. Sie geben dem anderen dann nicht wirklich bedingungslose Unterstützung aus dem Herzen heraus, sondern sie wollen ihr eigenes Ego dadurch befriedigen. All das ist manipulativ und das Ego versucht auch hier, den eigenen Schmerz auf andere zu projizieren, anstatt den inneren Schmerz zu sehen und die Selbstliebe und Kraft in sich zu erlösen.

Besonders in unseren Familien und Partnerschaften stecken wir in emotionalen Abhängigkeiten. Dieses Spiel ist zwischen Eltern und Kindern und auch in Partnerschaften immer wieder zu sehen. Wenn ich mit Klienten arbeite und ihnen helfen möchte aus diesem Spiel herauszugehen, denken viele im ersten Augenblick, dass sie ihre Beziehung dadurch gefährden.
Manche trauen sich nicht, sich auf den Weg zu machen, weil sie Angst haben, dass sie dadurch ihre Lieben verlieren, die sich entscheiden im Alten zu bleiben. Wir benutzen die anderen gerne als Ausrede, um nicht bei uns selbst hinzuschauen oder nicht in unsere Kraft zu gehen. Wenn wir uns aus diesen Abhängigkeiten befreien, dann werden wir diese Menschen trotzdem lieben, aber eben nicht aus einem Schmerz heraus, sondern bedin-

gungslos. Ob wir uns eventuell trennen oder nicht, entscheidet sich dann von alleine und ist auch absolut in Ordnung. Wir können dann den anderen einfach dort lassen wo er gerade ist.

Finanzielle Abhängigkeiten oder andere Abhängigkeiten aus der Existenzangst heraus kommen gerade in dieser Zeit häufig vor. Sobald wir unser Thema erkannt haben und im Vertrauen sind, können wir das Alte loslassen. Von da an können sich auch die Dinge im Außen verändern, zum Beispiel in Form eines neuen Jobs oder eines neuen Vermieters.

Ich hoffe, du denkst jetzt nicht, dass man am besten den Kopf unter die Decke steckt und gar nicht mehr unter Menschen geht, da ja alle nur ihre Egospielchen treiben. Nein, wir müssen unter Menschen gehen, denn nur so spüren wir, was wir selbst noch an unerlösten Anteilen in uns tragen. Alles, was uns begegnet und uns anstößt, kann endlich gelöst werden.

"Wir sitzen alle im selben Boot und sollten einander nicht aus dem Weg gehen oder verurteilen, sondern nur unsere Herzen für einander öffnen."

"Alles, was wir bei anderen Menschen annehmen können, nehmen wir auch in uns selbst liebevoll an."

"Die Welt da draußen ist auch die Welt in uns selbst. Wenn du ihr mit offenem Herzen begegnest, begegnest du dir selbst mit offenem Herzen."

Widerstand gegen die eigenen Visionen

Kennst du das auch? Du hast eine tolle Idee, freust dich darüber und dein Herz geht richtig auf bei dem Gedanken. Ein tolles Gefühl, oder? Leider kommt dann oft die innere Stimme und ist der Meinung, dass du das mal lieber sein lassen solltest, da es sowieso nichts wird oder die Angst vor Verurteilung beschleicht dich.

Alles, was uns ausbremst, sei es im Außen oder in unserem Inneren, sind unerlöste alte Ängste. Sie hatten irgendwo ihren Ursprung und auch ihre Berechtigung, sollten nun aber langsam gesehen und gelöst werden.

Woher können diese Ängste stammen? Wir haben in den vergangenen Inkarnationen viele Dinge gesagt und getan, die der Menschheit zu neu erschienen. Was neu ist, wird häufig aus Angst abgelehnt und auch verurteilt. Visionäre wurden viel belächelt und manche wurden sogar weggesperrt, weil sie für andere zu unberechenbar und unkontrollierbar waren.
Wenn wir Dinge getan haben, die nicht wirklich von Herzen kamen, sondern Schaden angerichtet haben, dann sitzen oft Schuld und Scham noch sehr tief. Wir trauen uns dann nicht mehr, in diesem Leben unserer inneren Führung zu vertrauen und ihr Raum zu geben.

Diese Anteile in uns, die uns ausbremsen unsere Individualität zu leben, können und sollten jetzt auch transformiert werden, damit wir endlich die Kreativität freilassen und Freigeister sein können.

Macht- und Kraftlosigkeit

Bei dem Wort „Macht" bekommen viele gleich Beklemmungen und wollen schnell das Thema wechseln. Ihr Widerstand dagegen ist so groß, dass sie sich lieber freiwillig in der Machtlosigkeit befinden. Mit diesem Wort verbinden wir so viel Leid und Scham, dass es fast einem Schimpfwort gleicht. Fühle mal in dich hinein, was das Wort mit dir macht? Welche Schwingung nimmst du in dir wahr?

Wie ich bereits erwähnt habe, sind wir immer im Wechsel als Opfer und Täter unterwegs gewesen. Wir haben Machtmissbrauch betrieben und andere „klein" gemacht und wurden selbst Opfer von Unterdrückung und Gewalt. Diese unerlösten Anteile sitzen über unserer Tatkraft. Sobald wir loslegen wollen, bremst uns unser Ego, weil es Angst hat, dass wieder etwas schief geht, wenn wir in unsere Kraft kommen. Oder wir wissen nicht einmal wie es sich anfühlt machtvoll zu sein, weil wir es gar nicht kennen.

Wir tragen unsere Kraft in uns und können sie auch leben, wenn wir das, was uns noch davon abhält, erkennen und loslassen. Solange wir Ausreden haben oder andere unser Leben für uns leben lassen, kommen wir nicht an diese Kraft heran.
Wir können natürlich nicht von heute auf morgen von uns erwarten, dass wir alle Ängste und Hemmungen ablegen, aber wir können und sollten in kleinen Schritten die Schöpferkraft in uns wieder annehmen. Es ist wie eine Entgiftung und Transformation unserer Gefühle und Gedanken, die wir u.a. durch meine Lösungsansät-

ze in diesem Buch erfahren können. Wir dürfen heute mit unserem neuen Wissen und Bewusstsein zum Wohle aller und im Herzen ganz machtvoll sein.

> *„Die größte Angst des Menschen ist nicht die Machtlosigkeit, sondern die Angst vor der eigenen Macht."*
> *„Gib keine Macht und Verantwortung mehr an andere ab!"*
> *„Nimm lieber dein Leben selbst in die Hand, das macht viel mehr Spaß :)"*

***

Angst vor emotionaler Nähe

Das Herz völlig frei und bedingungslos füreinander zu öffnen, dazu sind die wenigsten Menschen in der Lage. Egal, ob für die eigenen Eltern, die Kinder, die Partner oder sogar sich selbst.

Für die Verletzungen unserer Selbstliebe und der Liebe zu anderen Menschen gibt es unendlich viele Gründe. Jedes Mal, wenn wir in den vergangenen Inkarnationen unser Herz für jemanden geöffnet und ihn dann verloren haben, hat sich unser Ego das gemerkt und beim nächsten Mal diesen Schmerz über die bedingungslose Liebe gelegt. Das ist so oft passiert, das wir gar nicht mehr wissen können, wie sich die bedingungslose Liebe anfühlt.

Die Selbstliebe hat ebenfalls viele Narben davon getragen, durch Selbstverurteilung und fehlenden Glauben. Darüber habe ich schon gesprochen. Wir können keine Liebe annehmen, wenn wir sie nicht in uns selbst tragen. Wenn jemand mit offenem Herzen käme und wir selbst könnten es nicht annehmen, wäre es wie ein schmerzvoller Blick in den Spiegel, den wir dann loswerden wollen würden.
Hinzukommt die Gewohnheit und die Sucht des Schmerzes, die uns sehr oft davon abhält, die Liebe anzunehmen.
Die Selbstliebe ist also die Grundlage dafür, das wir auch geliebt werden können.

***

Verurteilung

Dieses Wort klingt hart und das ist es auch. Die Verurteilung ist eins der Lieblingsspielzeuge unseres Egos, weil es uns damit in unserem Egospiel festhält. Wir bewerten und verurteilen uns selbst und andere so leicht und entfernen uns dadurch Stück für Stück immer weiter von unserem Herzen. Nur in unserer Dimension gibt es die Bewertung. Sobald wir sterben und wieder in eine höhere Dimension aufsteigen, ist alles Licht und Liebe und keiner wird jemals für das verurteilt, was er auf der Erde getan hat.

Menschen, die sich selbst verurteilen, sind unzufrieden und geben diesen Schmerz an andere weiter, indem sie diese auch verurteilen.

Manche warten sogar nur darauf, dass sie endlich wieder jemanden anzeigen und vor Gericht bringen können oder werden selbst ständig angeklagt und in Situationen gebracht, in denen es um gegenseitige Verurteilung geht. Man erlebt es oft bei Scheidungen, wobei Verurteilung und Schmerz so weit gehen, dass sogar die Kinder als Mittel benutzt werden, um dem anderen zu schaden. Auch bei Besitztümern und Erbschaften werden die eigenen Themen oft über das Gericht ausgetragen, da der Wunsch zur gegenseitigen Verurteilung so stark ist.
Hier liegen die Ursachen ebenfalls meist schon in den vergangenen Inkarnationen oder in der Ahnenreihe.
Verurteilung findet überall statt, sei es in der Familie, in der Partnerschaft oder am Arbeitsplatz.

Die Gesellschaft verurteilt die Politik, Banken, Schulen, Krankenversicherungen, Gesetze, Finanzämter wegen der durch sie entstehenden Abhängigkeiten und Ungerechtigkeiten. Alle diese Institutionen sind jedoch nur Spiegel unserer eigenen Themen, die wir noch so lange brauchen werden, bis wir uns selbst geklärt haben. Das was für den einen ein heftiger Spiegel ist, zum Beispiel die Schulzeit oder das Finanzamt, ist für den anderen gar kein Problem, weil es in ihm nichts mehr auslöst.

„Unser Schmerz projiziert unsere Welt wie sie ist ins Außen."
„Wir brauchen nur die Themen wie Manipulation, Verurteilung, Existenzangst, fehlende Selbstliebe usw. in uns selbst zu heilen, dann verändert sich die Welt von ganz alleine."

Hinter allem, was wir bei anderen verurteilen, steckt ein eigener ungeliebter Anteil, den wir nicht sehen wollen. Oftmals sind es Anteile, die wir selbst schlecht erkennen, weil sie nicht aus dieser Zeit stammen und tief in unserem Unterbewusstsein vergraben sind.

Wenn du den Schmerz in der Person erkennst, die du verurteilst und auch deinen eigenen Schmerz annimmst, dann kann dein Mitgefühl erwachen und die Heilung geschieht von selbst.

***

Strukturlosigkeit

Strukturen lösen sich jetzt immer mehr auf, weil wir es einfach fließen lassen sollen oder besser gesagt im „Hier und Jetzt" leben sollen. Fällt es dir auch immer schwerer Dinge zu planen und in eine Struktur zu bringen? Das liegt daran, dass unser System sich langsam dagegen sträubt. Alles, was uns begrenzt und Kontrolle und Sicherheit verspricht, funktioniert immer weniger.

Allerdings schaffen sich Menschen, die total strukturlos sind, oft eine Krise nach der anderen. Das führt in extremen Fällen dazu, dass ihr Leben einem Chaos ähnelt. Sie benötigen eine gewisse Struktur, um Überblick und Klarheit zu bekommen. Das verhilft ihnen dann dazu, endlich an ihre innere Ruhe und Gelassenheit zu kommen.

Das andere Extrem sind Menschen, die alles so durchstrukturieren, oft in der Angst die Kontrolle zu verlieren, dass die Energie der Leichtigkeit und des Vertrauens total fehlt. Auch das bremst natürlich aus und macht keine Freude.

Da die meisten noch lange nicht so weit sind, alles fließen zu lassen, finde ich einen Zwischenschritt als Lösung sehr hilfreich. Ich nenne sie die flexible Struktur. Sie verliert immer mehr an Starre und Kontrolle und darf sich verändern. Als Impuls sitzt dahinter nicht die Angst, sondern eine Offenheit für Flexibilität und die Intuition.

***

Komfortzonen

Unsere geliebten Komfortzonen sind wie Kaugummis unter den Schuhsohlen, die uns zäh und nervig klebrig daran hindern endlich loszulaufen. Besonders in unserem zivilisiertem Land lauern sie überall, die Fernseher, Computer, Handys, der Alkohol, das üppige Essenangebot...

Die Lethargie, die Macht der Gewohnheit und die Angst vor dem Neuen, was da kommen könnte, halten uns am meisten von unserem Glück und Erfolg ab. Du glaubst gar nicht, wie groß die Angst der Menschen davor ist, das Alte loszulassen und sich selbst neu zu erfinden.
Sobald wir einmal aufhören, uns mit unserem gewohnten Kram im Außen zu betäuben, haben wir auch Zeit in uns hineinzufühlen und unsere Aufmerksamkeit auf neue, energievollere Dinge zu richten. Es fällt vielen von uns so schwer überhaupt zu erkennen, wo ihre Komfortzonen liegen, weil sie schon so sehr zu ihnen gehören, dass sie davon regelrecht abhängig sind.

Diese Abhängigkeit ist auch wieder mit einem tiefen Schmerz verbunden. Manche stürzen sich ins Essen, manche in die Arbeit, andere flüchten in die virtuelle Welt, nur damit sie den Schmerz nicht fühlen müssen.

Was steckt hinter diesen Schmerzen?
Zum einen sind es natürlich wieder der Trennungsschmerz und die Einsamkeit, die uns dazu bringen uns abzulenken, aber auch die Unfähigkeit, Lebensfreude und Erfolg anzunehmen, weil Scham und Schuld noch

nicht gelöst wurden. Das sind einige ungelöste Anteile, die uns in den Komfortzonen festhalten.

Es hat aber auch immer mit dem Schmerz des fehlenden Vertrauens in sich selbst und die göttliche Anbindung zu tun. Der Sprung in das Neue, ohne Fallschirm und doppelten Boden, egal was kommt, fällt sehr vielen noch schwer.
Es wird jedoch immer schwieriger, irgendwo Halt in den Komfortzonen zu bekommen, da unsere Seele immer lauter nach Aufmerksamkeit, Klärung und Heilung schreit. Sie sucht sich dann natürlich auch Mittel und Wege, um diese Aufmerksamkeit zu bekommen, sei es in Form von Erfolglosigkeit, Einsamkeit, körperlichen Beschwerden oder Depressionen.

***

Angst vor der Eigenverantwortung

Verantwortung abzugeben ist wirklich leichter, als Verantwortung zu übernehmen und wir Menschen entscheiden uns gerne für den Weg des geringsten Widerstandes.

Wir sind alle ausnahmslos für das verantwortlich, was uns begegnet und was in uns auf emotionaler oder körperlicher Ebene los ist. Je schneller wir das akzeptieren und bewusst unser Leben und unsere eigenen Widerstände annehmen, desto schneller sind wir Schöpfer unseres eigenen Lebens anstatt Opfer der Lebensumstände.

Diese Einstellung zum Leben ist sehr wichtig und ich frage meine Klienten immer gleich zu Beginn, welche Einstellung sie haben, denn ich kann mit denen, die in der Opferhaltung bleiben möchten, leider nicht arbeiten. Anfangs hatte ich wirklich Hemmungen, das den Klienten so zu sagen, denn mir ist natürlich bewusst, wie schwer es ist, besonders die sehr schmerzvollen Erfahrungen als wertvoll und selbst gewählt anzunehmen. Daher nehme ich mir beim ersten Termin immer die Zeit, ihnen zu erklären, wer sie eigentlich sind und warum sie hier sind.

„Die geistige Welt hat mir immer gesagt, dass die Menschen nur wissen müssen wer sie wirklich sind, dann können sie sich endlich selbst heilen."

Die eigene Schöpferkraft wirklich anzunehmen und unbewusst nicht doch die Eltern, die Partner oder den

Schöpfer für unsere Dramen verantwortlich zu machen, ist gar nicht so leicht. Noch schwerer ist es aber, die Verantwortung für die eigene Heilung nicht auf andere abzuschieben, wie Therapeuten, Heiler oder Ärzte. Wir können sie zur Unterstützung hinzuziehen, aber die Entscheidung, ob sich bei uns ein Schmerz lösen darf, treffen wir immer selbst.

Wenn wir ständig andere fragen müssen, was wir tun und lassen sollen oder immer wieder auf Hilfe von Außen angewiesen sind, dann ist das ein Anzeichen dafür, dass wir nicht in die Eigenverantwortung gehen. Selbstverständlich benötigt jeder mal Unterstützung, aber das Gefühl dahinter ist entscheidend. Ist es aus einem ständigen Mangelbewusstsein heraus oder für eine gewisse Zeit als Starthilfe, um wieder schneller in seine Kraft zu kommen?

Du wirst merken, dass es dich umso stärker macht, je mehr du in deine Eigenverantwortung gehst. Das ist auch immer sehr klar zu sehen, wenn sich bei meiner Arbeit zwei Menschen gegenüber stehen, von denen der eine die Anteile bzw. die Verantwortung des anderen übernommen hat und dadurch energetisch heruntergezogen wird und der andere überhaupt nicht in seiner Kraft ist, weil er sie abgegeben hat. Wenn dieser dann seine Anteile und die Verantwortung endlich wieder übernimmt, sind beide sofort wieder in ihrer Kraft.
Wenn jemand schlecht in die Eigenverantwortung gehen kann, können die Ursachen dafür auch wieder ganz unterschiedlicher Herkunft sein. Entweder hat jemand in seinem Vorleben mal sehr viel Verantwortung getragen und es ist etwas schief gegangen, sodass er jetzt

Angst hat zu sich selbst zu stehen. Es kann aber auch sein, dass jemand nie gelernt hat Verantwortung zu übernehmen, weil ihm immer alles abgenommen wurde. Das ist auch oft in der Kindheit ein großes Problem, wenn Eltern kein Vertrauen in die Kinder haben oder auch keine Geduld haben, nehmen sie ihren Kindern mehr ab, als nötig. Somit werden Kinder klein gehalten und haben als Erwachsene Angst Fehler zu machen, sobald sie Verantwortung für etwas übernehmen sollen.
Eine weitere Ursache können auch Eltern sein, die selbst nicht in die Eigenverantwortung gegangen sind und sich beispielsweise immer Ausreden für ihre Probleme gesucht haben. Wenn man das seine ganze Kindheit erlebt hat, dann ist dieser Weg für das Kind die normale Lebenseinstellung, weil es nichts anderes kennt.

„Unser Ego spielt uns nur vor, dass es besser ist, die Verantwortung abzugeben, weil es sich leichter anfühlt. In Wirklichkeit verlieren wir an Schöpferkraft und werden immer schwächer"

***

Wenn der Körper nicht geliebt werden kann

Unser Körper ist im Prinzip ein Ausdruck unserer Seele. Viele erfahren ihren Körper als etwas Eigenständiges, einen Teil, der nicht zu ihnen gehört. Sie fühlen sich von ihm getrennt und wollen ihn nicht als ihren eigenen annehmen.

In den Zellen unseres Körpers sind alle Erfahrungen und Schwingungen aus allen Inkarnationen gespeichert. Leberflecke und Missbildungen gehören zum Beispiel zu Merkmalen aus vergangenen Leben, die wir gleich von Geburt an mit uns tragen. Alles, was später noch an Erfahrungen in Form von Emotionen und Ereignissen dazukommt, wird in den Zellen gespeichert und wir reagieren darauf. Wenn es negative Erlebnisse und Emotionen sind, dann sieht man das dem Körper irgendwann an. Es wird sichtbar, was uns dann wieder an den dahinter verborgenen Schmerz erinnert. Daher lehnen wir unseren Körper in dem Moment auch ab.

> *„Egal, ob Menschen, Situationen oder sogar unser eigener Körper: Allem, was uns an einen tiefen Schmerz erinnert, möchten wir aus dem Weg gehen"*

Menschen, die traumatische Erlebnisse hatten, können manchmal Teile ihres Körpers nicht mehr richtig wahrnehmen, wenn sie sich damit in einer Meditation verbinden sollen. Die Verbindung dahin ist abgeschnitten, weil der Teil sie wieder in den Schmerz bringen würde. Das passiert auch oft Frauen, die sexuell missbraucht

wurden und ihren Unterleib dann am liebsten nicht mehr haben oder fühlen wollen.
Das meiste, was wir hier erleben, sind Wiederholungen nicht erlöster Schmerzen bzw. Erfahrungen aus Vorleben oder übernommene Themen unserer Ahnen. Ich erlebe es nicht selten bei meiner Arbeit, dass sich diese Wiederholungen zeigen. Wenn wir uns einen Arm brechen, eine Gehirnerschütterung oder Verbrennungen erleiden oder auch beinahe ertrinken, sind das keine Zufälle. Diese Ereignisse haben etwas mit einem nicht erlösten Schmerz zu tun, der sich darüber bemerkbar macht.

Ein Schmerz kann sogar in vielen Inkarnationen immer wieder erlebt worden sein und jedes Mal haben sich dadurch Seelenanteile von uns getrennt.
In meiner Arbeit komme ich dann meistens über die Körperarbeit an diese Anteile heran, um sie wieder zu integrieren. Um gesehen zu werden zeigen sie sich in Form von leichtem Schmerz, Druck o.ä.. Wenn wir im Vertrauen sind, können wir selbst sehr viel durch diese Arbeit lösen. Wie das genau geht, beschreibe ich später.

„Unser Körper ist direkt mit unserer Seele verbunden und zeigt uns liebevoller Weise das an, was wir ansonsten nicht so leicht wahrnehmen könnten"

Wenn der Schmerz der Seele sehr groß ist, fangen manche Menschen an, sich absichtlich selbst stark zu verletzen. Sie ritzen, verbrennen, kratzen, schlagen oder kneifen sich. Entweder suchen sie sich andere, die sie misshandeln, oder sie tun das selbst. Auch die

Zwänge, wie Wasch- oder Kontrollzwang oder auch Bulimie gehören dazu.

Hinter all diesen Dingen steckt immer ein Schmerz, den die Menschen durch den erzeugten Gegenschmerz entfernen wollen. Kennst du das? Du stößt dir irgendwo den Zeh und als Gegenschmerz beißt du dir auf die Lippen oder kneifst dir in den Oberschenkel. Während der Geburtswehen bekommen auch gerne mal die Männer unseren Schmerz ab, wenn sie unsere Hand halten.

Das Ego spielt den Menschen vor, dass das der einfachste Weg ist, was auch hier wieder einmal nicht stimmt.

Wir Menschen sind sehr unterschiedlich und gehen sehr unterschiedlich mit unserem Schmerz um. Die einen gehen über den Körper, der den Schmerz reflektiert, die anderen bringen den Schmerz nach außen und werden aggressiv. Wieder andere stürzen sich in die Ablenkung oder benebeln sich komplett mit Drogen.

Man sagt, dass Männer ihren Schmerz eher durch Aggression nach außen bringen während Frauen ihn nach innen gegen sich selbst richten, in Form von Bulimie, Ritzen oder Zwängen.

***

Wenn Sexualität Stress bedeutet...

...dann kann es viele Ursachen haben. Ich kann auch zu diesem Thema nur sagen, dass wir nicht mehr genau wissen müssen, woher die einzelnen Ursachen kommen, um uns langsam aus den Blockaden zu befreien.

Die Sexualität ist wie eine Kraftquelle, die wir uns mitgenommen haben und die uns mit so viel Energie versorgen kann, dass sogar Krankheiten dadurch geheilt werden können.

Diese Energiequelle funktioniert allerdings nur, wenn wir sie bereits schmerzbefreit erfahren. Leider sind die wenigsten Menschen bisher dazu in der Lage, da wir über die Sexualität viel kompensieren. Die Menschen manipulieren, verletzen oder werden über die Sexualität verletzt. Es ist einfach so viel Missbrauch und Leid im Zusammenhang mit Sexualität entstanden, dass es mich gar nicht wundert, dass es so viele Probleme auf diesem Gebiet gibt. Frauen wie Männer haben in all ihren Inkarnationen Täter- und Opferrollen in der Sexualität durchlebt. Auch verschiedene Religionen und die Kirche haben hierbei viel Schaden angerichtet. Sie haben durch Verbote und angebliche Sünden rund um dieses Thema Menschen psychisch so verunsichert, dass die Sexualität nicht mehr viel mit Natürlichkeit und Spaß zu tun hat, sondern eher mit Schuld und Scham.

Nicht nur sexuelle Erfahrungen und dogmatische Glaubensmuster haben einen Einfluss auf unsere Sexualität. Auch Geburten, Alltagsstress und Mangelbewusstsein jeglicher Art wirken sich darauf aus.

Es gibt auch immer mehr Menschen, die ihren Schmerz auf bizarre Weise über die Sexualität ausleben. Sei es, dass sie ohne Gefühl süchtig nach Sex sind oder extreme Neigungen und Fetische ausleben. Häufig leben diese Menschen in zwei Welten. Tagsüber versuchen sie der gesellschaftlichen Norm zu entsprechen und nachts leben sie heimlich, oft mit Gleichgesinnten ihre Neigungen aus.

Wie ich bereits geschrieben habe, lebt jeder seinen Schmerz auf individuelle Weise aus, eben auch über die Sexualität.
Die Menschen mit sexuellen Problemen oder extremen Neigungen werden oft verurteilt. Daher haben sie auch große Angst, sich mit den Themen, die dahinter liegen, zu befassen und sich jemandem zu öffnen, geschweige denn sich selbst diesem Schmerz zu stellen.

Die Gesellschaft hat deswegen so viel Angst sich dieses Thema anzuschauen, weil es sich hier um wirklich heftige Anteile in uns allen handelt. Der Schmerz, der über die Sexualität gespiegelt wird, hat einfach sehr tiefe und dunkle Anteile, die sehr wenig Liebe erfahren haben. Erst, wenn wir unser Herz für dieses Thema und für all die Menschen, die uns dieses Thema spiegeln, öffnen können, werden auch die Anteile in uns selbst geheilt.
Solange wir die Sexualität als Schmerzkompensator einsetzen, werden wir diesen Schmerz auch mit denjenigen Menschen teilen oder ihn an diejenigen weitergeben, mit denen wir die Sexualität erleben.
Auch hier versucht das Ego uns vorzumachen, dass es einfacher ist, das Problem nach außen zu verlegen, als es sich anzuschauen und zu heilen. Das heißt natürlich

nicht, dass wir jetzt so lange keinen Sex mehr haben sollten, bis wir uns geklärt haben. Es geht mir nur darum, das Bewusstsein zu schaffen, damit wir langsam aus dem Egospiel herauskommen.

***

Aggression / Innere Selbstzerstörung

Es gibt Menschen, bei denen die Aggression ganz klar und deutlich zu erkennen und zu spüren ist. Und es gibt diejenigen, bei denen sie so unterschwellig und verdrängt ist, dass sie nicht nach außen dringt. Für die zweite Kategorie ist es oft schwieriger an diese Anteile zu kommen, weil sie so ungeliebt sind und Schuld und Scham so groß sind.

Viele behaupten, dass es gut sei, wenn man eine gewisse Aggression in sich trägt. Damit könne man auch viel erreichen. Ich behaupte, dass es genau das ist, was unser Ego uns gerne glauben machen möchte, denn die Aggression hat immer etwas zerstörerisches und nichts mit Licht und Liebe zu tun. Solange diese Anteile in uns noch nicht angenommen worden sind, wirkt diese zerstörerische Energie auf uns selbst und liegt wie ein Schatten auf unserem Herzen.

Selbstliebe und Vertrauen haben die größte Kraft und ziehen lichtvolle Dinge in unser Leben. Wir wollen doch alle heraus aus den Machtkämpfen und Egospielen! Dann sollten wir uns auch für das Herz und nicht für den Kampf entscheiden. Es darf endlich leicht und liebevoll sein.

Wir kannten natürlich durch so viele Inkarnationen hindurch nur den Kampf, den Schmerz und wer denkt, dass es nur Männern so ging, der liegt total falsch. Auch die Frauen hatten ihre kämpferischen Zeiten. Diese liegen zwar schon lange zurück, sind aber immer noch im kollektiven Feld gespeichert. Sie waren zerstörerisch und gnadenlos und tragen diese Anteile auch noch in sich. Nicht umsonst haben die Männer danach versucht, die Frauen zu unterdrücken, und nicht umsonst haben die Frauen sich das aus einem Schuldbewusstsein heraus gefallen lassen. Alles hatte seinen Sinn und seine Zeit. Auch wenn es lange her ist, so beeinflusst es uns doch heute noch, solange diese Anteile in uns nicht gelöst sind. Die Frauen tragen also ebenso wie die Männer eine Kraft in sich, die, wenn sie nicht im Herzen gelebt wird, zerstörerisch und aggressiv sein kann. In dem Moment, in dem wir die dunklen Anteile in uns annehmen, können sie endlich transformiert werden und dann kann sich aus einer zerstörerischen Kraft eine lichtvolle Tatkraft entfalten, die zum Wohle aller handelt.

Wir übernehmen auch sehr häufig die Wut unserer Eltern aufeinander und tragen ihren Konflikt in unserem Leben weiter aus. Es ist dann sehr wichtig und heilend, die Eltern bewusst in ihrer Eigenverantwortung und selbstgewählten Konflikt und Lernaufgabe stehenzulassen und sich davon zu lösen. Wenn du das für dich lösen möchtest, kannst du dir entweder zwei reale Personen als Stellvertreter für deine Eltern nehmen oder du visualisierst beide vor deinem inneren Auge und sagst dann zu ihnen: „Ich achte euer Schicksal, aber es ist nicht meins."

Meistens ist es ja so, dass wir nur in bestimmten Situationen Wut empfinden. Fühl doch mal rein, wo sich bei dir eine Wut zeigt. In welchen Situationen und mit welchen Personen, erlebst du eine Wut, die dir bewusst ist. Versuch mal dein Bedürfnis dahinter wahrzunehmen.

Existenzangst

Diese Angst ist ganz stark im kollektiven Feld zu spüren und hat natürlich auch zahlreiche Ursachen.

Eine Ursache ist der Krieg, in dem so viele ihre Existenz und ihre Familie verloren haben und um ihr Leben fürchten mussten.

Wir übernehmen diese Ängste so lange von unseren Ahnen oder aus unseren eigenen Vorleben, bis wir sie loslassen. Solange wir diese Angst in uns tragen, egal woher sie kommt, ist es für uns schwer Fülle anzunehmen und darauf zu vertrauen, dass sie bleibt. Alles, was wir aussenden, werden wir auch bekommen, d.h. wenn wir nicht im Vertrauen sind, werden wir Mangel anziehen.

Die Existenz hat auch etwas mit der Angst vor dem Tod zu tun. Der Körper reagiert total gestresst, wenn wir in existenzieller Angst sind.

Hatten wir in unseren Vorleben zu wenig Geld oder verstarben die Ernährer der Familie, kam es tatsächlich vor, dass wir verhungerten, also unsere Existenz verloren. Auch dieser Schmerz ist dann in uns gespeichert und kann uns heute noch beeinflussen.

Es müssen aber nicht immer so extreme Dinge passiert sein. Es reicht auch, wenn unsere Eltern oder Großeltern Schwierigkeiten mit Fülle hatten und wir das Gefühl von „in Fülle leben" gar nicht kennen und es erst ganz neu lernen müssen. Zum Beispiel kann es sein, dass sie für wenig Geld sehr hart arbeiten mussten oder gar kein Geld verdienten oder es immer wieder verloren und am Existenzminimum lebten.

Es ist tatsächlich so, dass unser Gehirn für jede Emotion Botenstoffe ausschüttet und wir im Prinzip süchtig nach diesen Stoffen sind. Deshalb tun wir uns auch so schwer, alte Gefühle abzulegen und neue zu lernen. Mithilfe welcher Werkzeuge man sich umprogrammieren kann, erkläre ich später.

Da auch mit Geld sehr viel manipuliert und Leid erzeugt wurde, haben viele mit der Energie von Geld große Probleme. Geld allein hat keine Energie. Es ist nur das, was wir dafür empfinden und womit wir es identifizieren. Wenn wir mit dem Thema Geld noch einen Schmerz verbinden, zum Beispiel Schuld, Wut oder Angst, dann kann es nicht fließen, weil wir nicht an diesen Schmerz erinnert werden wollen. Manche Menschen fühlen sich sogar ehrenhafter oder freier, wenn sie in Armut leben.

Besonders Frauen haben häufig Probleme, Geld für ihre Leistungen anzunehmen. Das hat etwas damit zu tun, dass wir durch unsere Arbeit als Mutter auch nie direkt Geld verdienen. Es ist selbstverständlich, dass wir alles bedingungslos geben. Wir erleben nicht wirklich Wertschätzung von außen. Sie ist uns daher fremd. Auch dass man etwas gibt und dafür direkt einen Ausgleich erhält, müssen viele Frauen erst einmal lernen, ohne gleich ein Gefühl von Scham zu entwickeln.
Es ist daher in dieser Zeit sehr wichtig, dass sich die Frauen gegenseitig Mut machen und sich unterstützen.

„Die Fülle steht uns bedingungslos ohne Einschränkung zu. Die Begrenzungen sind nur in uns selbst gespeichert. Wenn wir im Vertrauen sind und uns selbst wertschätzen und lieben, dann kann die Fülle in unser Leben fließen. Wir müssen sie nur einladen und annehmen können"

***

Die Krankheit ist unser Weg der Heilung

Sogenannte Zivilisationskrankheiten sind immer stärker in unserer Gesellschaft vertreten. Obwohl wir so privilegiert und aus hygienischer Sicht fast schon steril sind und so viel in Forschung investiert wird, sind Krankheiten wie Krebs, Schlaganfall, Herzinfarkt und Depressionen so präsent wie nie zuvor.

Woran liegt das? Weil unsere Seele krank ist und versucht, uns über den Körper zu sagen, dass wir bitte etwas ändern sollen.

Im Prinzip ist die Krankheit schon der Weg der Seelenheilung. Leider gehen wir in der Regel so in den Widerstand gegen unsere Krankheiten und wollen sie bekämpfen, dass wir die Botschaft dahinter total falsch interpretieren. Das führt dazu, dass wir Medikamente bekommen, die uns helfen die Symptome zu verändern. Wenn aber der Schmerz dahinter bleibt, dann sucht sich die Seele einen anderen Weg, um uns zu helfen.

Körper, Geist und Seele gehören zusammen und sind ein Team. Unsere Blockaden sind auf allen Ebenen gespeichert. Lösen wir einen Schmerz im Körper, vielleicht durch eine Massage, so verändert sich auch unser geistiger und seelischer Zustand. Lösen wir etwas auf Seelenebene, so verändert es sich auch auf körperlicher Ebene.
Krankheiten sind häufig uralte Blockaden, die wir uns noch einmal in diese Inkarnation mitgenommen haben, um sie endlich zu lösen. Wie bei allen unerlösten Anteilen können es unsere eigenen Anteile aus unseren Vor-

leben sein oder noch Anteile von unseren Ahnen, die uns durch eine Krankheit in diesem Leben auf sich aufmerksam machen.

Ich hatte einmal eine Klientin, deren Mutter, Großmutter und Schwester an Demenz erkrankt waren. Sie selbst war es nicht, aber sie trug eine so große Angst in sich, dass sie sich im Verband für Demenzkranke stark engagierte. Sie hatte eine solche Wut auf diese Krankheit und auch auf die Gesellschaft, die dieses Thema so wenig beachtete, dass sie darunter über viele Jahre sehr litt. Durch eine Aufstellung bei mir konnten wir den Schmerz der Großmutter und den übernommenen Schmerz der Mutter lösen, die die Ursachen für diese Krankheit waren. Danach löste sich die Krankheit in der Aufstellung sofort auf. Sie hatte ihre Aufgabe erfüllt.

Daran kann man wunderbar erkennen, dass es keine bösen Krankheiten gibt, die uns hier ärgern wollen, sondern nur körperliche Auswirkungen eines ungelösten Schmerzes in uns.

Es ist immer sehr wichtig, dass wir nicht betriebsblind versuchen irgendetwas schnell wegzumachen, sondern mit unseren körperlichen Problemen wirklich in Kontakt gehen und sie wahrnehmen. Wie das funktioniert beschreibe ich später noch genauer.
Dahinter sind immer Seelenanteile, die gesehen und angenommen werden möchten.

Einen großen Unterschied macht es auch, ob die Behandlung der Beschwerden mit toten, chemisch erzeugten Medikamenten oder mit natürlichen Präparaten und

Methoden erfolgt. Ich möchte jetzt nicht die Pharmazie total verteufeln, denn sie hat schon viel Leid verhindert und ist in bestimmten Situationen auch sinnvoll. Die energetische Wirkung dieser Mittel ist allerdings eine völlig andere, als die natürlicher Mittel, wie Homöopathie, Bachblüten, Schüsslersalze, ätherische Öle oder Kräuter. Die natürlichen Substanzen gehen ganz anders mit uns in Resonanz als die chemisch hergestellten. Wenn wir beispielsweise ein ätherisches Öl benutzen, so wirkt es zusätzlich auf der geistigen und seelischen Ebene und kann da gleichzeitig und direkt an unseren Blockaden arbeiten, die ja auch aus diesen Bereichen stammen.

Wenn sie eine Diagnose für eine schwere Krankheit erhalten, dann reagieren die meisten mit Angst und Widerstand. Wenn sie das tun, geben sie dem körperlichen Symptom energetisch noch mehr Handlungsbedarf, denn es ist ja nur wegen eines unerlösten Schmerzes entstanden.
Sobald sich also eine Krankheit in uns zeigt, sollten wir nicht nur im Außen Wege und Mittel finden, um die Krankheit zu heilen, sondern auch nach innen gehen, damit wir die ungelösten Anteile in uns sehen und annehmen können. Wichtig ist, dass wir immer in der Eigenverantwortung bleiben, denn Heilung geschieht nur dann, wenn wir es erlauben.

Vielleicht ist dir auch schon aufgefallen, dass Ärzte uns immer weniger helfen können. Unsere körperlichen Probleme werden immer diffuser und die Medikamente und Therapien wirken immer weniger. Erstens liegt das daran, dass unser System sich verändert hat. Es geht nicht mehr mit den niedrig schwingenden Medikamenten in Resonanz, sondern lehnt sie regelrecht ab. Zweitens liegt es daran, dass die Ärzte nicht nach den wahren Ursachen forschen.

Auch für die Ärzte ist diese Zeit eine echte Herausforderung, denn sie spüren, dass vieles, was sie gelernt haben, nicht mehr funktioniert und viele trauen sich noch nicht herauszufinden, warum das so ist.

Ich kenne einige wunderbare Heiler und Therapeuten, die neue Wege und Ansätze für unsere Heilung kennen, sich aber nicht trauen sie auch anzubieten, da sie dafür keinerlei Ausbildung haben. Manche haben auch eine Ausbildung in diesem Bereich, ändern aber das Gelernte ab, weil es sich so stimmiger anfühlt und trauen sich dann nicht so richtig, das selbst Entwickelte anzuwenden.

Wir werden jetzt immer mehr neue Heilmethoden entwickeln und kommen auch immer mehr an unser altes Wissen heran. Sogar Menschen, die gar nicht aus diesem Bereich kommen, erhalten plötzlich Informationen, wie etwas geheilt werden kann. Heilung kann auch über Musik, Tanz oder Bilder geschehen. Alles ist jetzt möglich.

Wir sollten uns auch hierbei immer mehr in unser Vertrauen begeben und uns nicht mehr von Zertifikaten und Techniken abhängig machen. Wer im Herzen und im Vertrauen ist, wird besser heilen können, als jemand der in der Angst lebt und sich an seine erlernten Techniken hält.

Kontrollverlust

Alles, was wir zu kontrollieren versuchen, wird uns über kurz oder lang zeigen, dass das nicht möglich ist. Dieses neue Zeitalter, in dem wir uns jetzt befinden, löst immer mehr alte Strukturen auf und will uns immer mehr in das Vertrauen bringen. Alles bewegt und verändert sich ständig und die Kontrolle kann es nicht verhindern. Sie verändert aber die Qualität der Situationen und Dinge, die dann aus Angst heraus entstehen.

Wenn wir Menschen etwas nicht kontrollieren können, bringt es uns oft in eine tiefe Unsicherheit und sogar Ohnmacht.
Wir haben Angst, dass etwas Schlimmes passieren könnte, das uns verletzt. Natürlich steckt auch dahinter ein Schmerz, der entstanden ist, weil einmal etwas passiert ist, das uns verletzt hat. Diese Erfahrungen gehörten zu unserem Plan. Diese Gefühle wollten wir erfahren. Jetzt wird unser System immer wieder daran erinnert und schreit immer wieder Alarm, wenn sich etwas nicht kontrollieren lässt, obwohl gar kein Grund zur Panik besteht. Natürlich erleben wir dadurch eher Situationen, die schiefgehen und unser Ego auch wieder bestätigen, nach dem Motto: „Siehst du, wenn du das besser kontrolliert hättest, wäre das nicht passiert!" So bleiben wir in diesem Egospiel, bis wir endlich ins Vertrauen gehen und loslassen.

Dass Menschen am liebsten alles kontrollieren möchten, liegt daran, dass ihnen das Vertrauen und der Glaube fehlen. In dem Moment, in dem wir versuchen etwas zu kontrollieren geben wir Mangel in die Situation hinein und die Energie kann nicht so fließen, als wenn wir etwas im totalen Vertrauen einfach geschehen lassen. Das heisst nicht, dass wir nichts mehr planen oder strukturieren sollten. Unsere Intention dahinter ist entscheidend. Ist unser Gefühl dabei, dass alles sich so fügen wird, wie es soll, oder haben wir Angst davor, dass etwas Ungeplantes passieren könnte? Wenn wir im Herzen und im Vertrauen sind, können sich die Dinge sogar dahin entwickeln, dass sie viel schöner oder heilender sind, als wenn wir sie kontrollieren würden.

Den gewollten, künstlichen Kontrollverlust erzeugen Menschen durch Drogenkonsum. Wenn wir starke Ängste haben, dann benebeln wir uns so sehr, bis wir endlich die „Scheißegal-Haltung" haben und die Dinge fließen und geschehen lassen können. Leider sind viele Ärzte, Piloten, Lehrer und andere, die viel Verantwortung übernehmen müssen, regelmäßig betäubt, damit sie funktionieren können. Sie haben so große Angst die Kontrolle zu verlieren und Fehler zu machen, dass sie sich betäuben müssen.

Natürlich benebeln sich nicht nur Personen, die in der Gesellschaft viel Verantwortung tragen. Auch Jugendliche fangen immer früher und extremer an, Drogen zu nehmen, da sie zum einen von den Eltern und der Gesellschaft so stark kontrolliert werden und zum anderen auch Angst davor haben, so zu sein wie sie sind.
Drogen helfen den Menschen, in einen künstlich erzeugten inneren Frieden zu kommen und auch mutiger zu werden. Sie haben dadurch weniger Angst vor dem Versagen und dem Kontrollverlust. Dieser Zustand verschafft uns für kurze Zeit Erleichterung, aber unser

Unterbewusstsein geht mit jedem Benebeln ein Stück weiter in die Kraftlosigkeit und Abhängigkeit.

Wir brauchen uns nicht unter Drogen zu setzen, um inneren Frieden und Gelassenheit zu spüren. Das ist eine innere Einstellung, die man u.a. dadurch erreichen kann, dass man sich die ungelösten Anteile anschaut, die über dem Vertrauen und der Selbstliebe liegen. Auch hier heißt es, in kleinen Schritten langsam aus den alten Mustern herauszugehen.

***

Angst vor Freiheitsverlust

Menschen, die eine ganz große Ablehnung gegenüber Struktur und Kontrolle verspüren, haben sehr oft in ihren früheren Leben oder in der Kindheit Gefangenschaft oder Fremdbestimmung erlebt. Sie haben ihre individuelle geistige oder körperliche Freiheit verloren.
Sie rebellieren gegen alles, was sie in ihrem Sein einschränken könnte. Im körperlichen kann es sich so äußern, dass sie es nicht ertragen festgehalten zu werden oder auch sogenannte Tics, in Form von Zwängen, können ein Anzeichen dafür sein.
Es ist für Menschen mit diesem Schmerz oft sehr anstrengend, denn im Prinzip müssen wir als soziales Wesen, welches in einer Gesellschaft lebt, immer wieder Kompromisse eingehen. Es ist also ein ständiger Kampf. Hier geht es darum, diesen Schmerz über die Lösungsarbeit, wahrzunehmen und anzunehmen.
Sobald uns bewusst wird, dass wir innerlich frei sind und wir uns die Lernaufgabe „des Freiheitsverlustes" selbst mitgebracht haben, verlieren wir die Angst und müssen nicht mehr ständig für die Freiheit kämpfen.

***

Süchte

Ein bisschen habe ich ja eben bereits über Süchte geschrieben, aber es gibt zu diesem Thema noch einiges mehr zu erfahren, denn nicht nur Drogen sind Suchtstoffe, sondern auch das Fernsehen, Essen, soziale Netzwerke im Internet. Alles, was wir in extremen Mengen konsumieren und wovon wir so abhängig sind, dass wir es brauchen, um uns besser zu fühlen, stellt einen Suchtfaktor für uns dar.

Das Bedürfnis und der Schmerz, welche sich hinter einer Sucht verstecken, können schon sehr lange in unserem System sein, entweder aus unseren Vorleben oder aus unserer Ahnenreihe. Das Gemeine an den Süchten ist, dass sie sich verändern können. Aus einer Alkoholkrankheit kann zum Beispiel eine Esssucht werden. Der Schmerz dahinter ist aber immer noch derselbe.

Hinter der Sucht stecken viele unterschiedliche ungelöste Themen, denen wir mit Hilfe unserer Süchtigmacher zu entfliehen versuchen. Unserem Ego wird für einen Moment ein Glücksgefühl vorgegaukelt und unser Unterbewusstsein macht währenddessen ein Häkchen hinter dem nächsten Versagensgefühl.

Eine sich stark ausbreitende Abhängigkeit, in die Menschen hineingeraten, ist die Sucht nach verschreibungspflichtigen Medikamenten. Ich kann die Ärzte zum Teil verstehen, die ihren Patienten Medikamente geben, wenn sie an die Ursachen der Krankheit nicht herankommen. Ihr Glaubenssystem und das erlernte Wissen kannte bislang eben nur einen kleinen Teil der Wahrheit. Wir erkennen ja auch erst langsam die Illusion und können somit auch jetzt erst neue Heilungsansätze entwickeln und erfahren. Ich freue mich sehr, dass sich seit einiger Zeit immer mehr Therapeuten für diese Ansätze öffnen. Alles hat seine Zeit und Berechtigung.

Ich möchte noch einmal auf die Medikamente, wie zum Beispiel Antidepressiva, zurückkommen. Sie machen relativ schnell abhängig und schränken in hoher Dosierung auch die Wahrnehmung enorm ein. Die Patienten leben dann wie in Watte verpackt und sind nicht wirklich da.
Wenn diese Menschen zu mir kommen, weil die Ärzte nichts gefunden haben und sie dann eben ständig Medikamente einnehmen müssen, habe ich tatsächlich Schwierigkeiten in Einzelsitzungen mit ihnen zu arbeiten, weil sie kaum etwas fühlen können. Hier hilft manchmal nur noch eine Aufstellung mit einem Stellvertreter für den Klienten.
In einer Aufstellungsarbeit treffen sich mehrere Personen und der Klient. Ich nehme dann die anwesenden Personen als Stellvertreter für ein Thema bzw. eine Blockade und für die Familienmitglieder des Klienten und löse so die Themen auf. Der Klient sitzt außerhalb des Geschehens. Wir verändern dann stellvertretend in dem Feld dieser Familie die Informationen.

Einmal habe ich eine Aufstellung durchgeführt mit einer Frau, die bereits über 15 Jahre Antidepressiva einnahm. Ich habe die Person, die in der Aufstellung für die Medikamente stand, langsam aus ihrem Leben verschwinden lassen.

Die Stellvertreterin, die für die Klientin stand, war plötzlich voller Kraft und Lebensfreude. Sie hatte diese Medikamente so lange einfach weitergenommen, obwohl sie nur Nachteile für sie hatten, weil sie bereits so abhängig war. Nach der Aufstellung folgte natürlich sofort ein Anruf bei einer Entzugsklinik, wo sie langsam wieder von den Tabletten entwöhnt werden konnte.

Ich denke, dass es manchmal tatsächlich notwendig sein kann, in einem akuten Ernstfall für ganz kurze Zeit Antidrepressiva zu nehmen, z.B. um panische Angst etwas zu beruhigen. Das Problem dabei ist jedoch, dass das Ego diesen einfachen Weg als so angenehm empfindet, weil es ja nicht mehr fühlen muss, und dieser dadurch leicht in die Abhängigkeit führt.

Je eher und bewusster wir uns unseren Herausforderungen stellen, desto leichter wird es. Auch wenn der andere Weg in die Sucht leichter erscheint, so ist er letztendlich viel schmerzhafter und vor allem länger.

***

Todesangst / Todessehnsucht

In den vielen Inkarnationen haben wir unterschiedliche Todesszenarien erfahren. Eine sehr große Angst dabei ist, dass wir uns plötzlich auflösen könnten und dann einfach nicht mehr sind. Das ist eine unserer stärksten Ängste, die daher kommt, dass der Glaube so oft erschüttert wurde, dass kein Vertrauen zur Quelle und Allliebe mehr vorhanden ist.

Wenn die Sehnsucht nach Frieden und Geborgenheit extrem wird, wünschen sich manche Menschen auch die Auflösung. Sie möchten gar nicht mehr hier auf der Erde sein, weil sie den Schmerz und die Angst, die in ihnen sind, nicht mehr aushalten können. Auf der einen Seite haben sie Angst vor der Auflösung, auf der anderen Seite ist da eine große Sehnsucht.

Eine Todessehnsucht kann auch entstehen, wenn ein geliebter Mensch in der Familie verstorben ist oder sich jemand das Leben genommen hat. Wenn wir von diesen Menschen unbewusst Seelenanteile übernommen haben, können sie so lange einen Schmerz verursachen, bis wir die Anteile loslassen.

Auch die Angst vor Bestrafung und Schmerzen nach dem Tod sind sicherlich bei vielen ein Thema. Hier haben die Kirchen viele manipulative und Angst machende Glaubenssätze verbreitet.

Wenn wir plötzliche, brutale oder auch sehr schmerzhafte Tode erfahren haben, dann kann uns auch davon noch ein großer Schock stark beeinflussen.

Wenn wir im Leben aus verschiedenen Gründen große Angst vor dem Tod haben oder aber eine Sehnsucht danach, dann trübt das natürlich sehr die Lebensfreude.

Alle diese Erfahrungen sind längst geschehen und bräuchten uns eigentlich gar keine Angst mehr zu machen und trotzdem fällt unser System immer noch darauf herein.

Wir können uns heute schon kreieren, wie wir aus dieser Welt gehen möchten. Wenn wir dem Alter und dem Tod mit Angst begegnen, dann wird es sicherlich nicht so entspannt werden.
Ich stelle mir lieber vor, wie ich mit einem Lächeln auf den Lippen, glücklich und zufrieden mit mir und der Welt, ganz bewusst von dieser Bühne gehe.

***

Die Kinder der neuen Zeit - unsere Spiegel

Ich fange mit dem an, was passiert, wenn ein Kind geboren wird. Wir haben alle diverse Erfahrungen mit Mutter-Kind-Themen aus den letzten Inkarnationen, die noch viele ungelöste Anteile beinhalten. Kinder tragen oft einen sehr tiefen Schmerz in sich. Die Mutter ist dafür da, Geborgenheit und nährende Liebe zu geben. In vielen Fällen tut sie das jedoch nicht, vielleicht weil sie selbst die Erfahrung nie gemacht hat. Das führt dazu, dass man sich als Kind auf der Erde nicht geliebt und auch nicht geborgen fühlt.

Wenn eine Mutter noch einen ungelösten Schmerz in sich trägt, sei es aus der eigenen Kindheit oder aus einem Vorleben, in dem sie selbst als Mutter viele Kinder verloren hat, dann kann dieser Schmerz hochkommen, sobald in diesem Leben ein eigenes Kind geboren wird.
Der Schmerz muss jedoch nicht unbedingt etwas mit Kindern zu tun gehabt haben. Es kann auch sein, dass die Seele des Kindes in einer früheren Inkarnation mit dem Ehemann / Vater eine Beziehung hatte und diese Energie noch so stark ist, dass die Mutter gegenüber dem Kind sofort einen inneren Widerstand verspürt.
Viele verschiedene Gründe können dazu führen, dass eine Mutter in dem Augenblick, in dem es da ist, das Kind ablehnt, obwohl sie es sich so sehr gewünscht hat. Das Kind fängt sofort an, mit der Mutter in Resonanz zu gehen und im Grunde an ihren Themen zu arbeiten.
Bis das Thema bei der Mutter gelöst ist, kann es sein, dass sie ihr Herz nie richtig öffnen kann.

Das, was ich hier für die Mütter beschreibe, gilt im Prinzip auch für die Väter, nur mit etwas anderen Aspekten.

Da wir uns als Kinder immer unsere Mütter vorher aussuchen und genau wissen, was auf uns zu kommt, ist natürlich auch immer ein ungelöster Schmerz in uns selbst, der uns dann so lange plagt, bis wir ihn lösen. Oft geht es darum, emotional unabhängig zu werden und die Liebe und den Halt in uns selbst zu finden.

Die Generation der neuen Kinder, manche nennen sie Indigo-, Kristall- oder Regenbogenkinder, wird bereits mit einem höheren Bewusstsein geboren. Sie tragen nur noch ganz wenig Gepäck mit sich herum und sind hauptsächlich da, um unsere Themen zu reflektieren, damit wir sie endlich transformieren.

Die ältere Generation, ich nenne sie mal Kriegsgeneration, ist noch nicht mit der Transformationsarbeit dran. Nur einige wenige haben sich vorgenommen, in diesem Leben schon ihr Bewusstsein zu erhöhen und ihre Anteile zu transformieren. Hauptsächlich für die Transformation zuständig ist die Generation dazwischen. Die Kinder spiegeln das, was wir für uns und unsere Ahnen transformieren möchten.

Unsere Kinder sind wie kleine Krieger, denn sie sind in eine Zeit hineingeboren, die im totalen Umbruch ist und sie haben sich zur Verfügung gestellt, um uns die Augen zu öffnen.
Dafür nehmen sie viel Ablehnung in Kauf und müssen sich all den Themen stellen, die wir noch nicht gelöst haben.

Sie haben eine starke Wahrnehmung und fühlen sofort, ob jemand authentisch und im Herzen ist. Egal, um welchen Schmerz es sich handelt, den sie in ihren Familien und in der Gesellschaft wahrnehmen, sie reagieren darauf, um uns aufmerksam zu machen, damit wir endlich aufwachen und etwas ändern.

Immer mehr Eltern schicken ihre Kinder zu Psychologen und verabreichen ihnen Ritalin, weil sie gar nicht wissen, dass diese Kinder hochsensibel sind und nur unseren Schmerz reflektieren.
Wenn alle Kinder in den Schulen frei von Ritalin wären, dann würde dort das Chaos ausbrechen, weil alle überfordert wären. Dieses Chaos ist aber auch in den Kindern und zwar so lange, bis wir bei uns hinschauen. Nicht die Schulen sind das Problem, sondern unsere Widerstände und Ängste, die durch die Schulen reflektiert werden. Wenn jeder bei sich anfängt, die Ängste zu lösen, wird sich das Schulsystem auch endlich ändern können. Solange wir noch Existenzängste, Kontrollzwänge und fehlende Selbstliebe in uns tragen, brauchen wir auch dieses System.

Drogenabhängigkeit, virtuelle Welten, soziale Netzwerke, starke Aggressivität bei Jungen und Mädchen, Abgestumpftheit, Lethargie, Respektlosigkeit, Ritzen, Bulimie, das alles sind Zustände, die unsere Kinder immer weiter von ihrem Herzen entfernen. Diese Reaktionen unserer Kinder spiegeln ganz klar unsere ungelösten Anteile.

Kinder lieben ihre Eltern immer bedingungslos, egal ob sie uns Schimpfwörter an den Kopf knallen oder uns

sagen, dass sie uns blöd finden und neue Eltern haben wollen. Kinder sind häufig unerbittlich und sagen, was sie denken.
Sie sehnen sich nach Ehrlichkeit, Vertrauen, Halt und Liebe. Die können Eltern nur geben, wenn sie diese Gefühle auch in sich selbst haben. Sobald Eltern merken, dass sie mit dem einen oder anderen Thema ein Problem haben, sollten sie anfangen dieses Thema in sich zu lösen.

Unsere Kinder spüren es und sind total glücklich, wenn wir mit unserem inneren Kind in Kontakt sind. Dann sind wir im Vertrauen, experimentierfreudig, machen nur das, was wir wirklich möchten, sind im Herzen, kreativ und leben im Hier und Jetzt.
Leider haben viele nie die Möglichkeit gehabt wirklich Kind zu sein. Sie mussten sich anpassen, gehorchen, haben Schmerz und Druck erfahren und sich hilflos gefühlt. Einige konnten es kaum abwarten, endlich erwachsen zu werden, damit sie selbstbestimmt leben konnten. Andere haben nie gelernt, Verantwortung für sich zu übernehmen, weil ihnen immer alles vorgegeben wurde.

Es ist nie zu spät mit dem inneren Kind in Kontakt zu kommen. Eine kleine Übung dazu beschreibe ich später.

Besonders kleine Kinder sind oft so herzlich und authentisch, dass Erwachsene damit Probleme haben. Sie nehmen einfach Personen in den Arm, die sie nicht kennen, oder fordern sie zum Mitspielen auf. Gut kann man das in Arztpraxen oder Restaurants beobachten. Die Kinder sind noch so klar und frei von Ängsten, dass diejenigen Erwachsenen, die damit ein Thema haben, oft peinlich berührt wirken oder sogar aggressiv werden können.

In der Pubertät, sagt man, wird es immer schwierig. Sogar Eltern, deren Kinder erst im Kindergarten sind, sehen dieser Phase schon mit Grauen entgegen.
In dieser Zeit nabeln sich die Kinder von zu Hause ab und möchten sich selbst erfahren. Sie haben in den ersten 14 Lebensjahren gelernt wie die Eltern zu sein und müssen sich jetzt selbst finden. In anderen Zivilisationen werden oft Rituale für diese so wichtige Zeit abgehalten. Die Jungen werden zum Teil sogar in die Wildnis geschickt, um sich dort alleine durchzuschlagen. Wenn Mädchen ihre Periode bekommen, wird auch das mit Ritualen gefeiert.

Bei uns in Deutschland haben wir dieses Bewusstsein dafür nicht. Für uns ist die Pubertät eher ein Schimpfwort und Ausrede für alle Konflikte, die innerhalb einer Familie auftauchen und grundsätzlich ist das pubertierende Kind daran schuld. Wir Erwachsenen schieben auch da die Verantwortung lieber auf die Kinder, als bei uns selbst zu schauen, warum die Konflikte entstehen.

Wenn die Kinder sich von ihnen abnabeln wollen, erfahen viele Eltern einen Trennungsschmerz, da sie sich emotional von ihren Kindern abhängig gemacht haben. Wenn die Kinder schlechter in der Schule werden und alleine mit fremden Freunden feiern gehen, werden die Eltern mit ihrem fehlenden Vertrauen und der Existenz- und Kontrollangst konfrontiert.

Auch bei dem Thema Sexualität kommen wir ganz stark an unsere Themen heran. Haben wir diese geklärt, können unsere Kinder eine schöne und natürliche Sexualität erfahren. Falls wir selbst damit noch Probleme haben, versuchen die Kinder diesen Teil zu verheimlichen und fühlen sich beschämt, wenn sie die Sexualität für sich entdecken.

Ich habe ja bereits beschrieben, wie wichtig die Sexualität für uns Menschen ist. Es ist für unsere Kinder daher essenziell, dass wir so natürlich und entspannt wie möglich mit ihnen über dieses Thema sprechen und ihnen auch erlauben und den Raum dafür geben, ihre Sexualität ohne Stress zu entdecken. Wenn sich zu viele Ängste in uns befinden, um mit ihnen darüber frei sprechen zu können, dann ist es völlig in Ordnung, wenn wir den Kindern ehrlich sagen, dass wir selbst damit noch Schwierigkeiten haben, dass es aber mit uns selbst zu tun hat. Kinder wollen Ehrlichkeit und Klarheit und können damit besser umgehen, als etwas zu verdrängen. Vielleicht helfen die Kinder dann auch und nehmen uns die Angst davor. Wenn wir ehrlich sind und unser Herz öffnen vor den Gesprächen, kann uns gar nichts passieren.

„Wenn wir denken, dass unsere Kinder ein Problem haben, dann wird es Zeit zu gucken, welches Thema das bei uns berührt"

***

Die Lösungen

In der Lösungsarbeit nutzen wir stellenweise das innere Auge, daher erkläre ich kurz, was damit gemeint ist. Wenn wir die Augen schließen, blenden wir das aus, was wir als unsere Realität mit offenen Augen wahrnehmen und erschaffen uns stattdessen mit unserer Vorstellungskraft eine neue Realität. In meinem ersten Buch habe ich darüber ausführlich geschrieben. Die Quantenphysik erklärt es ganz wunderbar: Alles ist Schwingung und unsere Gedanken erschaffen unsere Realität.

Wenn du die Absicht aussprichst (beispielsweise bei einer Aufstellungsarbeit), dass sich in einem Teppich oder Kissen das Energiefeld deiner Mutter manifestieren soll, dann geschieht das auch. Genauso ist es, wenn du deine Augen schließt und die Absicht aussendest, dass vor dir das Energiefeld deiner Mutter ist. Es dauert immer ein paar Sekunden und dann wird sich deine Mutter so zeigen, wie es gerade richtig ist, alt oder jung, fröhlich oder traurig. In diesem Moment bist du tatsächlich mit dem Energiefeld deiner Mutter verbunden, kannst mit ihr sprechen und es wird bei ihr in Form von Energie ankommen.

Wenn es dir am Anfang sehr schwer fällt vor deinem inneren Auge etwas wahrzunehmen, dann probiere öfter mal geführte Meditationen (von einer CD) aus, damit du langsam sicherer wirst. Ansonsten besteht bei der Aufstellungsarbeit in einer Gruppe für dich die Möglichkeit, die Energiefelder mit menschlichen Stellvertretern sichtbar zu machen.

Integration der Seelenanteile

„Wenn wir lernen, alle Menschen mit dem Herzen zu sehen, heilen wir jedes Mal einen Teil in uns selbst"

Die Integration der Seelenanteile ist keine neue Form der Heilung, es gibt sie schon lange. Wir können Seelenanteile auf verschiedenste Weise integrieren. Neu ist jetzt die Möglichkeit, viel tiefer und schneller an die Themen heranzukommen als früher. Das liegt daran, dass sich unser Bewusstsein immer weiter entwickelt und wir uns immer mehr dafür öffnen, unsere dunklen Themen anzunehmen.

Über unseren Ressourcen, wie Selbstliebe, Tatkraft, und Lebensfreude, liegen unsere Ängste und Schmerzen in Form von abgespaltenen Seelenanteilen. Wenn wir an unsere Fähigkeiten herankommen wollen, müssen wir erst das annehmen, wovor wir am meisten Angst haben, nämlich unseren Schmerz. In dem Augenblick, in dem wir den Widerstand gegen unser Ego aufgeben und es annehmen, kann es sich transformieren und unsere Ressourcen sind frei.

Je tiefer wir an den Schmerz herankommen, desto stärker muss bereits das Vertrauen sein, dass wir das aushalten können. Bislang waren wir dazu noch nicht bereit. Wir kommen erst jetzt langsam an dieses Vertrauen und die Kraft heran, den Schmerz anzunehmen und durchfließen zu lassen.
Alles, was sich für uns noch nicht lichtvoll und leicht anfühlt, ist ein Zeichen dafür, dass sich dahinter ein

Schmerz verbirgt, der noch nicht gesehen und integriert wurde. Diese Schmerzen oder auch abgespaltenen Seelenanteile sind in all unseren Inkarnationen entstanden, jedesmal, wenn wir als Täter oder Opfer unseren Plan erfüllten.

Man nennt sie auch abgespaltene Seelenanteile, weil wir sie von unserem Herzen getrennt und ganz tief in unserem Unterbewusstsein vergraben haben. Bisher war das Problem, dass unser Ego diese Anteile nicht sehen wollte, weil sie ja aus gutem Grund von unserem Herzen abgespalten wurden, nämlich um den tiefen Schmerz auszuhalten.

Obwohl all diese Ereignisse längst vorbei sind und wir eigentlich alles in Ruhe ansehen und integrieren könnten, schaffen wir es nicht so einfach. Unsere Angst vor dem, was sich da zeigen könnte, ist zu groß. Es funktioniert nur in kleinen Schritten und mit großer Achtsamkeit, besonders wenn es um die ganz tiefen Themen geht.

Da ich schon oft in der Aufstellungsarbeit stellvertretend für diese Anteile gestanden habe, kann ich sagen, dass sie sich wie verstoßene Kinder anfühlen, die endlich wieder gesehen, angenommen und nach Hause geholt werden wollen. Es spielt hierbei überhaupt keine Rolle, ob sie ein Täter- oder Opferschmerz sind.

Die Anteile machen sich bemerkbar in Form von Ängsten, Wut und Krankheiten oder blockieren Dinge im Außen. Hinter all diesen Erscheinungen steckt mindestens ein Anteil, der endlich wieder angenommen werden will. Meistens sind es allerdings mehrere.

Was muss man denn jetzt konkret tun und was passiert durch diese Integration?

Um unsere Anteile zu integrieren brauchen wir nur unser Herz für sie zu öffnen und sie wieder anzunehmen. Im selben Moment wird der Schmerz transformiert und aus einem tiefen Schamgefühl kann sich wieder die Selbstliebe entfalten. Dieser Prozess dauert nur ein paar Sekunden.

Es gibt verschiedene Möglichkeiten, die Anteile zu integrieren. Man kann das alleine machen oder in einer Gruppe in Form einer Aufstellung.
Ich empfehle immer, so viel wie möglich alleine zu machen. Nur bei den ganz schmerzvollen oder auch vernebelten Themen würde ich eher zu einer Aufstellung in einer Gruppe raten, in der man für sich selbst auch einen Stellvertreter nehmen kann.
Sobald man dann merkt, dass man den Schmerz selbst aushalten kann, geht man anstelle des Stellvertreters in die Aufstellung hinein, um den Prozess selbst zu erleben.
Wichtig bei jeder Energiearbeit ist, immer für sich zu sorgen und ehrlich mit sich zu sein. Es ist völlig in Ordnung und bei großen Themen auch absolut verständlich, wenn man nicht alles alleine machen kann.
Wichtig für die Stellvertreter ist, dass auch sie nur den Schmerz aushalten können, den sie selbst schon bereit sind durchlaufen zu lassen. Man sollte, bevor man eine Rolle übernimmt, in sich hineinfühlen, ob man dazu be-

reit ist. Auch die Leitung der Aufstellung sollte so im Herzen und Vertrauen sein, dass sie energetisch mithelfen kann.

Eine Aufstellung in einer Gruppe läuft so ab, dass ein Stellvertreter für den Klienten steht und ein Stellvertreter für das Thema und den Schmerz, der dahinter steckt. Hier einige Beispiele für mögliche Themen: eine Krankheit, Geld, Selbstliebe, der Arbeitsplatz, eine bestimmte blockierte Situation oder eine Person, mit der wir ein Problem haben. Wir müssen nicht mehr wissen, in welcher Inkarnation und Situation sich welcher Anteil vom Herzen abgespalten hat. Das würde viel zu lange dauern und interessiert auch nur unser Ego. Wir können auf diese Weise viele Anteile gleichzeitig integrieren, ohne eine riesige Aufstellung machen zu müssen.

Wir stellen immer nur den Klienten und den Schmerz bzw. das Thema auf. Beide stehen einander gegenüber und kommen ganz langsam und achtsam aufeinander zu. In diesem Augenblick ist es für den Klienten oder den Stellvertreter ganz wichtig, das Herz für die Anteile, die hinter dem Thema integriert werden wollen, zu öffnen. Wenn die Seelenteile näher kommen kann es sein, dass einer von beiden anfängt den Schmerz zu fühlen. Man kann vorher nicht wissen, wer den Schmerz transformiert. Das hängt davon ab, wer ihn halten kann. Körperkontakt ist ganz wichtig bei diesem Prozess, denn die Anteile möchten wieder integriert werden und brauchen den Halt des Klienten.

Folgende Heilsätze kann der Klient zu seinen Anteilen sagen, um ihnen zu helfen sich zu integrieren:

„Ich sehe dich, du bist ein Teil von mir."

„Es ist vorbei, alles ist jetzt gut."

„Ich danke dir aus tiefstem Herzen für alle Erfahrungen, die ich durch dich machen durfte."

Wichtig ist, dass sich die Anteile oder der Klient ganz achtsam annähern und dass der Schmerz nicht unterdrückt wird, sondern herauskommen darf. Tiefes, bewusstes Atmen kann dabei sehr helfen, ähnlich wie bei einer Geburt. Manchmal werden die Anteile sogar nur durch starkes Atmen integriert. Es kann zum Schwitzen, Gähnen, Zittern oder Weinen kommen. In einigen Fällen zeigen sich die Anteile auch über Schmerzen im Körper, in verschiedenen Bereichen nacheinander. Hierbei ist es wichtig, einfach die Herzensenergie dorthin fließen zu lassen oder die Schmerzen ins Herz hineinzuziehen. Immer wenn ein Schmerz integriert wurde, kann sich der nächste zeigen. Die Anteile kommen nacheinander und können wie bei Wehen mit kurzen Unterbrechungen integriert werden. Der Prozess ist dann vorbei, wenn beide Stellvertreter einander in den Arm nehmen können und im Körper alles ruhig ist. Danach fühlt man sich wohlig erschöpft und genießt das wunderbare Gefühl.

Wenn wir im Vertrauen sind und das auch schon einmal gemacht haben, stellen wir schnell fest, dass es gar nicht so schlimm ist, wie wir vorher vielleicht dachten. Sobald wir uns bewusst machen, dass der Schmerz über unser Herz durch uns hindurchfließt und wir nichts mehr festhalten müssen, ist es ein wirklich befreiender Prozess. Er kann ganz leise sein, kann sich aber auch durch starkes Weinen bis hin zu körperlichem Zittern zeigen.

Wenn der Klient einen zu großen Widerstand hat die Anteile anzunehmen, dann kann er einen Gegenstand, z.B. ein Kissen, stellvertretend für den Widerstand in den Arm nehmen. Danach kann er versuchen erst einmal diesen Widerstand zu integrieren.

Unser Freund, der innere Widerstand, hatte lange seine Berechtigung, denn er hat uns oft davor beschützt zu viel zu fühlen, damit wir funktionieren. In unserem Klärungsprozess ist dieser Widerstand leider häufig das große Problem, denn jetzt müssen wir ja fühlen, damit wir unsere Anteile integrieren können. Wir können dann unterstützend den Satz sagen:

„Lieber Widerstand, danke dass ich dich erfahren durfte. Du hattest deine Berechtigung und warst lange Zeit wichtig für mich, aber jetzt bin ich bereit mein Herz zu öffnen, um meine Anteile anzunehmen."

Hierdurch wird das Herz für den Widerstand (Kissen) geöffnet und dieser wird integriert. Man kann sich dann vorstellen, wie die Energie aus dem Kissen in das Herz gezogen wird oder wie aus dem Herzen Liebe auf das Kissen strahlt.

In der Aufstellungsarbeit ist es immer besonders wichtig, dass die Leitung intuitiv ist und sich von der Lösungsenergie leiten lässt. Nicht immer ist es der Schmerz des Klienten, der integriert werden muss, sondern es kann zum Beispiel ein Anteil der Mutter sein, den der Klient noch trägt. In diesem Fall stellt man je einen Stellvertreter für die Mutter, den Klienten und den

Schmerz, den er noch trägt, auf. Sobald die Mutter ihren Schmerz zurückgenommen hat, ist das Kind (Klient) wieder schmerzfrei. Auch hierbei ist der Ursprung ihres Schmerzes nicht wichtig. Wichtig ist nur, dass er endlich gesehen und angenommen wurde.

Das solltest du unbedingt noch wissen...

Wir können hinter fast allem, wogegen wir einen Widerstand spüren, einen Schmerz finden. Wir brauchen nur die andere Person, die Situation, vielleicht sogar ein Lebensmittel, gegen welches wir allergisch sind, aufzustellen und uns für den Schmerz, der dahinter sitzt, zu öffnen und schon können sich die Anteile zeigen und integriert werden.

Ein weiterer ganz wichtiger Punkt ist, dass wir oftmals Seelenanteile von Verwandten oder Freunden übernommen haben, die gar nicht zu uns gehören, uns aber sehr beeinflussen können. Meistens merken wir erst wie stark dieser Einfluss war, wenn wir sie wieder abgegeben haben. Umgekehrt haben auch wir unseren Schmerz bzw. Anteile auf andere übertragen. Die sollten wir unbedingt wieder zurücknehmen, weil sie uns dann stärken.

Um herauszufinden, ob du für das aufgestellte Thema noch Anteile von einer Person trägst oder andere noch etwas von dir tragen, können wir bei einer Aufstellung eine Person wählen, die als Stellvertreter für die unbekannten Personen steht, für die du noch etwas trägst. Du kannst dann ein Glas oder Kissen nehmen, in das du über den Atem alle Anteile hineinfließen lässt, die du trägst und die nicht zu dir gehören. Sobald dein Körper ganz ruhig ist, übergibst du sie voller Achtsamkeit der stellvertretenden Person.

Wenn du deine Anteile zurücknehmen möchtest, die andere zu diesem Thema für dich tragen, wählst du einen Stellvertreter, der für alle Personen steht, die noch Anteile zu dieser Situation von dir tragen. Dann bittest du den Stellvertreter, dir die Anteile wieder zurückzugeben. Er kann, wie vorher beschrieben, alles in einen Gegenstand energetisch hineinfließen lassen und dir anschließend übergeben.

Die eigenen Anteile von anderen Personen zurückzunehmen ist leichter mit einer realen Person, da diese besser hineinfühlen kann, ob sie alles abgegeben hat.

*

Wie können wir selbstständig unsere Anteile integrieren?

Da sich so viele Anteile und Widerstände in uns befinden, die sich zeigen und gelöst werden möchten, ist es verständlich, dass wir nicht immer andere Personen dafür in Anspruch nehmen können. Es gibt jedoch mehrere Möglichkeiten, selbstständig, ohne fremde Hilfe unsere Anteile zu integrieren.

Wähle einen Gegenstand stellvertretend für deinen Schmerz

Hervorragend funktionieren unterschiedlichste Gegenstände als Stellvertreter für deinen Schmerz. Du kannst frei wählen, wichtig ist dabei nur, dass der gewählte Gegenstand sich für dich gut anfühlt. Ich benutze gerne meine Yogakissen stellvertretend für den Schmerz bzw. die Anteile. Ansonsten läuft die Integration genauso wie bei einer Aufstellung mit Personen ab.

Du nimmst beispielsweise ein Kissen und sagst dem Kissen: „Du bist jetzt stellvertretend für meinen Schmerz der hinter dem Thema mit meiner Tochter sitzt." Du wartest kurz ab, bis sich das Feld in dem Kissen manifestiert hat und dann legst du es vor dich hin. Danach fühlst du hinein, was sich bei dir im Körper und emotional abspielt.

Da jetzt keine Leitung dabei ist, die dich beruhigt und dir hilft, musst du alleine dein Ego beruhigen. Du kannst hierfür auch wieder dieselben Sätze sagen wie bei der Aufstellung:
„Ich sehe dich, du bist ein Teil von mir" oder „Ich danke für alle Erfahrungen die ich durch dich machen durfte, du hattest deine Berechtigung und darfst jetzt nach Hause in mein Herz kommen."

Dann kannst du das Kissen ganz achtsam an dein Herz nehmen und die Anteile in dich hineinfließen lassen. Wenn es irgendwann ganz ruhig in deinem Körper ist, dann ist es gut.
Ich habe mich sogar schon mal auf ein Kissen gesetzt und die Anteile von unten in mein Herz hineinfließen lassen!

Halte dich nicht unbedingt daran fest, wie ich das mache. Folge gerne auch deinen eigenen Impulsen, wie das Thema gelöst werden möchte.

Wenn du testen möchtest, ob du zu deinem Thema noch fremde Anteile trägst, kannst du auch hierfür einen extra Gegenstand nehmen und ihn stellvertretend für die Personen aufstellen, für die du zu diesem Thema noch Anteile trägst. Lass das Feld wieder kurz ankommen und spüre dann nach, ob sich etwas in dir zeigt. Wenn ja, kannst du wieder den Gegenstand nehmen und alles so lange mit dem Atem hineinfließen lassen, bis dein Körper ganz ruhig ist.

*

Wie können wir über unseren Körper die Anteile fühlen und integrieren?

Das wunderbare an unserem Körper ist, dass er mit unserer Seele verbunden ist und das fühl- und sichtbar macht, was wir ansonsten nicht wahrnehmen könnten. Gefühle wie Angst, Wut oder Liebe können wir in unserem Körper wahrnehmen.

Bei einer Aufstellung nimmst du dein Gefühl und machst es durch eine Person oder einen Gegenstand als Stellvertreter sichtbar. Du kannst jedoch auch ausschließlich über den eigenen Körper gehen.
Um die Anteile im Körper zu fühlen, schließt du deine Augen und entspannst dich erst einmal, zum Beispiel durch das bewusste Atmen. Du schickst deinen Atem ein paar Mal mit deinen Gedanken in deine Füße und entspannst sie. Dann gehst du weiter zu deinen Knien,

in deinen Bauch, in die Schultern, in deinen Kiefer und zum Schluss in deine Stirn- und Augenpartie. Danach ist alles entspannt.

Dann verbindest du dich mit deinem Thema, sei es eine Person oder eine Situation oder ein Gefühl, und versuchst es in deinem Körper wahrzunehmen. Lass dir dabei Zeit, denn das Gefühl braucht manchmal ein bisschen, um sich aufzubauen.
Sobald sich der Schmerz in deinem Körper zeigt, sage zu diesem Anteil: „Ich freue mich, dass du dich zeigst, du bist ein Teil von mir." Wenn du kannst, dann öffnest du dein Herz und lässt die Energie aus dem betroffenen Körperteil in dein Herz hineinfließen.
Wenn es dir noch schwer fällt, den Anteil anzunehmen, kannst du dir vor deinem inneren Auge vorstellen, wie du die Energie mit deinen Händen aus deinem Feld herausnimmst und sie vor dir in deinen Händen hältst. Schau sie dir an und lasse sie sich langsam entwickeln. Es kann eine Masse, ein Stein oder nur eine Farbe sein. Sie wird sich so zeigen, wie es richtig ist. Jetzt kannst du noch einmal den Satz wiederholen und versuchen dein Herz für deinen Anteil zu öffnen. Der Anteil kann sich dann durch deine Herzensenergie transformieren oder du kannst ihn an dein Herz drücken und ihn hineinnehmen.

Falls dein Widerstand zu groß ist, kannst du dich erst einmal darum kümmern und auch diesen vor deinem inneren Auge sichtbar werden lassen. Ich benutze als Bild dafür gerne eine Mauer. Du kannst dann zu der Mauer sagen: „Du hattest deine Berechtigung, ich brauchte dich lange Zeit als Schutz, aber jetzt darfst auch du dich lösen."

Es gibt natürlich auch Schmerzen, die sind so tief, dass wir sie doch nicht alleine lösen können. Manchmal sind wir auch in einer unpassenden Situation und können uns nicht um einen Anteil kümmern, der sich gerade in Form von Angst oder Wut zeigt.

In diesem Fall können wir zu dem Anteil sagen: „Ich danke dir, dass du dich gezeigt hast und werde mich zu einem späteren Zeitpunkt um dich kümmern." Dann kann sich dein System erst einmal wieder beruhigen und du kannst dir überlegen, wie und wann du dir diesen Teil angucken möchtest.
Es ist im Prinzip so einfach, nur unsere Widerstände und die Angst vor dem Schmerz halten uns davon ab, die Anteile einfach wieder in unser Herz zu nehmen.

Wenn ich von Herzöffnung spreche, denkst du vielleicht, du musst so voller Liebe sein und dein Herz ganz weit öffnen, dem ist aber gar nicht so. Du brauchst nur die Absicht auszusprechen, dass du dein Herz für deine Anteile öffnest, der Rest passiert meistens von alleine. Wie heißt es so schön? Dein Wille geschehe!

Irgendwann wirst du merken, dass es immer leichter für dich wird, deinen Schmerz ins Herz fließen zu lassen. Dein Ego wird immer entspannter, weil es weiß, dass es dir nicht schadet, sondern dir danach besser geht.
Sobald ein Gefühl von Angst, Neid, Misstrauen usw. erscheint, nimmst du es einfach an, freust dich, dass es

sich gezeigt hat und lässt es in dein Herz fließen. Das kannst du jederzeit machen.

***

Transformation der Ahnenreihen

Diese Arbeit ist für uns alle sehr wichtig in dieser Zeit. Zum einen für uns selbst, aber auch für unsere Ahnen. Wir haben über lange Zeit immer wieder Anteile unserer Ahnen weitergegeben von Generation zu Generation. Nun geht es darum, dass wir alles, was wir noch von ihnen tragen, an sie zurückgeben.
Für uns bedeutet es, dass wir uns wesentlich freier fühlen. Für unsere Ahnen bedeutet es, dass sie endlich wieder ihre wichtigen Anteile integrieren können, die ihnen ja auch fehlen. Solange wir immer noch Anteile von ihnen tragen, ist die Energie nicht frei. Es kommt sogar vor, dass einige Ahnen erst nach der Transformation ins Licht gehen können, weil sie vorher energetisch noch hier gebunden waren.

Wir merken meistens gar nicht, wie viel wir von unseren Ahnen tragen, bis wir es loslassen. Alleine die Kriegsgenerationen haben so viele Existenzängste und Gewalt erlitten, die sich nach wie vor im kollektiven Feld und in unserem System befinden, bis wir sie loslassen.

Natürlich können wir immer nur das loslassen, was wir uns erlauben. Es ist fraglos eine starke energetische Veränderung und unser Ego hat sich an vieles so gewöhnt, dass es für manche Menschen gar nicht leicht ist, die Päckchen endlich loszulassen.

Ich gebe meinen Klienten immer den Hinweis, dass die Ahnen nur darauf warten, dass wir ihre Anteile endlich an sie zurückgeben, was die Entscheidung meist erleichtert. Selbst unsere Eltern wollen auf Seelenebene unbedingt, dass wir frei sind, auch wenn sie es in dieser Dimension in ihrem Ego nicht fühlen können.

Wir entscheiden jedoch immer selbst, was wir noch tragen wollen und was wir loslassen. Der Prozess der Transformation ist nicht so kompliziert, wie man denken könnte. Manche Menschen meinen, es sei ein langer Prozess und zelebrieren ganz lange daran herum. Ich behaupte, dass es unsere Entscheidung ist, ob es leicht oder kompliziert geht.

Um die Ahnenreihe zu transformieren, brauchst du während des Prozesses und auch danach die nötige Ruhe. Du kannst den Prozess alleine durchführen oder mit einer Person, die stellvertretend für deine Ahnen steht.

Möchtest du es alleine machen, kannst du einen Teppich oder einen Stuhl als Stellvertreter für deine Ahnen benutzen.
Du stellst dich davor und gibst ganz klar und bewusst das Feld aller Ahnen, von denen du noch Anteile trägst, zum Beispiel in den Stuhl hinein. Du sagst: „Du stehst stellvertretend für alle Ahnen, deren Anteile ich noch trage." Dann wartest du ab, bis sich das Feld der Ahnen im Stuhl manifestiert hat. Das kann ein wenig dauern.
Du nimmst dann ein Gefäß oder ein Kissen in deine Hände, schließt die Augen und gibst deinem System die Erlaubnis alle Anteile loszulassen. Du brauchst nur einmal die Entscheidung zu treffen und atmest dann alles so lange in das Gefäß oder das Kissen hinein, bis du nicht mehr den Drang hast etwas loszulassen. Es kann sein, dass du dich schüttelst und das Bedürfnis hast,

richtig lautstark auszupusten. Das ist bei jedem unterschiedlich.
Dieser Prozess kann eine Weile dauern. Bitte höre erst dann auf, wenn es vorbei ist und ruhig in dir wird.

Du sagst dann zu den Anteilen, die sich jetzt in dem Gefäß oder dem Kissen befinden: „Ich danke aus tiefstem Herzen für alle Erfahrungen die ich durch euch machen durfte." Dann schaust du zum Energiefeld deiner Ahnen und sagst: „Ich achte euer Schicksal, aber es ist nicht mehr meins." Jetzt übergibst du das Gefäß oder das Kissen indem du es auf den Stuhl oder den Teppich legst.

Danach kannst du dir vor deinem inneren Auge vorstellen, wie du alle Ahnen an deine Hand nimmst, ihr in einem großen Kreis steht und von unten durch euch alle hindurch goldenes Licht strahlt. Es fühlt sich wunderbar und friedlich an. Einige Klienten sehen auch, wie die Ahnen alle einer nach dem anderen ins Licht gehen. Damit ist die Transformation abgeschlossen.
Diesen Prozess kannst du auch mit einer Person als Stellvertreter durchführen. Das Ganze läuft dann genauso ab, nur dass du natürlich der Person zum Schluss das Gefäß oder das Kissen in die Hand gibst.

***

Dein inneres Kind

Das innere Kind ist vielen bereits ein Begriff, weil es häufig in Therapien thematisiert wird. In dieser Zeit des Umbruchs ist der Kontakt zu unserem inneren Kind sehr wichtig, denn es hilft uns zu erkennen, was jetzt unserer Wahrheit entspricht und was nicht mehr stimmig für uns ist.

Das innere Kind ist unser wahres Sein. Es ist klar, ehrlich, im Herzen, neugierig auf das Leben, intuitiv, unerschütterlich, kreativ und selbstbewusst.

> *„Das innere Kind lässt sich vom Leben treiben und vom Herzen führen"*

Warum ist die Verbindung abgebrochen und wie können wir sie wieder herstellen?
Mit jedem Schmerz den wir erfahren haben, je stärker wir uns von unserem Herzen entfernt haben, desto weiter hat sich unser inneres Kind von uns entfernt, wurde immer trauriger und ängstlicher. Das innere Kind spiegelt unseren Schmerz.

Wenn wir im Vertrauen sind, uns selbst so lieben wie wir sind und uns das erlauben und geben, was wir gerne tun und haben wollen, dann sind wir automatisch mit unserem inneren Kind verbunden.

Wie du dir vielleicht vorstellen kannst, sind die inneren Kinder, wenn sie zum ersten Mal gesehen werden, nicht besonders gut drauf. Trotzdem freuen sie sich, endlich gesehen zu werden,

denn das ist der erste und wichtigste Schritt, um eine Beziehung zu dir selbst aufzubauen.
Wenn die Verbindung langsam wieder stärker wird, kannst du wirklich mit deinem inneren Kind sprechen und es fragen, wozu es Lust hat oder was es in einer bestimmten Situation machen würde. Du brauchst keine Angst zu haben, dass du dann nur noch Selbstgespräche führst! Der innere Dialog mit dem Herzen ist uns noch fremd, er ist aber so wichtig und wir sollten ihn immer mehr pflegen.

Wenn du deinem inneren Kind begegnen möchtest, nimm dir am Anfang Ruhe und Zeit dafür, denn es kann eine Weile dauern und auch schmerzhaft sein. Schließe deine Augen und gehe innerlich an einen schönen Platz, wo du dich wohl fühlst. Es kann ein Strand, eine Wiese oder ein schöner Raum sein. Lade nun dein inneres Kind ein, dort zu erscheinen, und lasse es sich mit einem gewissen Abstand vor dir manifestieren. Dein inneres Kind bist du selbst als Kind. Wenn es erschienen ist, spüre nach, wie du dich fühlst und versuche, ruhig zu bleiben. Du brauchst keine Angst zu haben, denn es ist ein Teil von dir und möchte nur deine Aufmerksamkeit.

Fühle jetzt in deinem Körper hinein: Was nimmst du wahr? Welche Gefühle sind in dir, wenn du dir selbst als kleines Kind begegnest?
Gehe langsam auf dein inneres Kind zu und sage: „Ich freue mich so, dich endlich zu sehen. Du bist ein Teil von mir, den ich lange nicht wahrgenommen habe."
Dann kannst Du es in deine Arme nehmen und halten.
Außerdem kannst du sagen: „Ich werde mich ab jetzt

um dich kümmern und dich nicht mehr alleine lassen."
Folge dabei immer deinen Impulsen und sage nur das, was für dich auch stimmt.

Wenn du einmal erschöpft, traurig oder ängstlich bist, stelle dir einfach vor deinem inneren Auge vor, wie du dein inneres Kind in den Arm nimmst und es tröstest. Das ist die Selbstliebe.

Dein inneres Kind weiß genau, was gut für dich ist. Lasse es vorangehen und stärke es.
Ich arbeite gerne mit dem inneren Kind meiner Klienten und stelle es häufig in einer Aufstellung mit auf, wenn es um Entscheidungen geht, beispielsweise um einen neuen Job. Es kann dann ehrlich fühlen, was wirklich Spaß macht und sich gut anfühlt und was nicht.

Menschen, die dauerhaft glücklich und erfolgreich sein wollen, kommen nicht darum herum, ihr inneres Kind zu ihrem heimlichen Chef zu erklären!

***

Nützliche spirituelle Werkzeuge

Es gibt eine Menge wunderbarer spiritueller Werkzeuge, die uns helfen, langsam aus unseren Mustern herauszukommen.

Wenn ich mit meinen Klienten tiefe Schmerzen löse und transformiere, gebe ich ihnen meistens Übungen an die Hand, damit sie auf verschiedenen Ebenen noch weiter an sich arbeiten können.
Jede Blockade manifestiert sich auf mehreren Ebenen und muss dann auch auf allen langsam verändert werden. Alle Blockaden sind im Prinzip Informationen, die umprogrammiert werden müssen.

Wenn wir die Blockade über eine Aufstellung lösen, dann ist sie in unserem Feld bereits umprogrammiert, wirkt aber noch einige Zeit nach, bis sie sich endgültig umgewandelt hat.
Unser Gehirn denkt auch nicht sofort anders, sondern hält oft noch an den alten Gedanken fest. Daher ist es sinnvoll, jede Lösungsarbeit mit der täglichen Bewusstseinsarbeit zu ergänzen.

*

Gedankenhygiene

Sobald ein Gedanke aus deinem Mangelbewusstsein kommt und nicht liebevoll zu dir und zu anderen ist, korrigiere ihn einfach. Du brauchst keine große Sache daraus zu machen. Wenn du diesen negativen Gedanken bemerkst, tausche ihn einfach gegen einen positiven Gedanken aus.

Anfangs wirst du wahrscheinlich entsetzt feststellen, dass du mehr negative Gedanken hast als positive. Lasse dich davon nicht frustrieren! Du weißt ja, alles ist so, wie es ist, richtig und kann nicht von heute auf morgen total anders werden. Versuche das Ganze mit Humor zu sehen und freue dich über kleine Fortschritte.

*

Erkenne dein Bedürfnis hinter deinen Problemen

Wenn du ein Problem hast, kannst du mal versuchen, dich selbst zu analysieren, indem du dich fragst, was eigentlich dein Bedürfnis hinter dem Problem ist. Das kann beispielsweise so aussehen, dass du gerade total wütend auf deinen Freund bist, weil er immer so viel Sport macht. In diesem Fall kannst du dann mal hin fühlen, was es mit dir macht, wenn er voller Freude zum Sport geht und du alleine bleibst. Es kann sein, dass du ein Gefühl von Wut wahrnimmst, weil er sich gar nicht um dich kümmert oder weil er ohne dich Spaß hat und sich für einen gesunden Körper einsetzt, während du Frust-essen zelebrierst. Obwohl dein Freund sich nur Fit halten möchte und Spaß am Sport hat, bringt es dich auf die Palme. Jetzt analysierst du dein Bedürfnis dahinter, indem du dich fragst, was du brauchst, damit es dir besser geht. Wenn du eine Antwort darauf bekommen hast, kannst du dich jetzt selbst fragen, was du selbst ändern kannst, damit es dir besser geht. Das kannst du mit allen Problemen machen, die du hast. Wenn dich etwas stört, erkenne dein Bedürfnis dahinter und finde eine Lösung für dich. Dir begegnen nur Probleme, wenn du mit dir selbst ein Problem hast.

*

Affirmationen

Affirmationen sind Sätze, die uns helfen können uns umzuprogrammieren. Spüre erst einmal in dich hinein, welche Blockade dich momentan am meisten plagt. Das können beispielsweise Stress und Hektik sein, die dich permanent umgeben. Dann kannst du mit der folgenden Affirmation arbeiten: „Ich bin gelassen und im Frieden mit mir." Zunächst sind die Sätze oftmals sehr schwer zu fühlen, weil sie noch auf großen Widerstand treffen. Der wird aber von Mal zu Mal schwächer.

Wenn dein Widerstand zu groß ist, dann hilft es auch, wenn du das Wort „erlauben" mit einflichtst, beispielsweise: „Ich erlaube mir gelassen zu sein und Frieden in mir zu spüren."

Der wichtigste Satz, den du immer nehmen kannst, ist: „Obwohl ich noch so viele Blockaden habe und auch noch oft unzufrieden mit mir und anderen bin, liebe und akzeptiere ich mich so wie ich bin."

Affirmationen solltest du so oft wie möglich sprechen, da die Umprogrammierung etwas länger dauert. Hier ist also Disziplin gefragt, aber sie lohnt sich sehr, denn selbst Krankheiten kannst du tatsächlich allein durch

Affirmationen heilen. Louise L. Hay ist auf dem Gebiet der Affirmationen die absolute Spezialistin. Wenn du Schwierigkeiten damit hast, dir selbst positive Sätze zu formulieren, dann kannst du dir von ihr über ein Buch oder eine CD Vorschläge machen lassen.
Ich lege gerne meine Hand auf mein Herz, wenn ich mir meine Affirmationen sage und stelle mir vor, wie die Worte in mein Herz fließen.

*

Stelle dich nackt vor einen Spiegel

Stelle dich einmal nackt vor einen Spiegel und spüre nach, was du wahrnimmst. Fühlst du dich sicher und natürlich oder beschämt und unsicher? Diese Übung ist für sehr viele Menschen mit großer Überwindung verbunden. Unser Körper trägt ja unsere Schmerzen in sich und wenn wir ihn uns ansehen, kann es sein, dass wir das was wir da sehen nicht annehmen wollen. Alles, was wir an unserem Körper ablehnen, ist auch ein Teil in unserem Inneren, welchen wir nicht lieben können.

Wenn du vor dem Spiegel stehst, versuche zu deinem Spiegelbild zu sagen: „Ich liebe und akzeptiere dich so wie du bist, du bist genau richtig." Egal, ob es dir am Anfang schwer fällt, mache es immer wieder, bis es sich besser anfühlt.

*

Schreibe einfach mal los

Du gönnst dir eine halbe Stunde Auszeit, nimmst dir ein Blatt Papier und einen Stift und schreibst dir alles von der Leber, was raus will. Ganz wichtig ist dabei, dass du keine Pause zum Überlegen machst! Du schreibst, egal was du denkst und lässt es auf das Papier fließen. Auch wenn es Blabla sein sollte. Du wirst dich wundern, was alles dabei herauskommt. Während du schreibst, bist du mit dir und deiner inneren Stimme verbunden und lässt das heraus, was sie dir sagt.

*

Achtsamkeit

Achtsam zu sein im täglichen Leben ist oftmals nicht einfach, weil alles so schnelllebig ist. Wenn du alles etwas entschleunigst und mit einem wachen Bewusstsein durch die Welt gehst, wirst du fühlen können, was für dich und dein Umfeld gut ist und was nicht. Bewusstseinsarbeit und die Achtsamkeit gehören zusammen und sollten einen immer höheren Stellenwert in unserer Gesellschaft bekommen. Fang bei dir an und schaue, wo du noch achtsamer mit dir und deinem Umfeld und der Umwelt sein könntest.

Hierfür kannst du auch eine schöne Affirmation benutzen: „Ich gehe achtsam mit mir und meinem Umfeld um."

*

Dankbarkeit

Diese Übung ist besonders in den Momenten, in denen wir uns nicht gut fühlen, sehr wertvoll.
Nimm dir einmal Zeit und spüre in dich hinein, wem oder für was du dankbar bist. Forsche richtig in dir nach und öffne langsam dein Herz, auch für die kleinen Dinge, die so kostbar sind. Es müssen gar nicht immer Menschen sein, es können auch Tiere, die Natur oder Momente sein, die dich glücklich gemacht haben. Gehe so lange in diese Energie hinein, bis du dich wieder besser fühlst.

*

Mache andere glücklich

Das, was wir aussenden, bekommen wir auch zurück. Deshalb ist diese Übung so wunderbar, denn es gibt dabei nur Gewinner.
Diese Welt ist bislang eine Welt von Egoisten, Neidern oder Energieräubern. Das wollen wir ja jetzt langsam ändern und wo fangen wir da am besten an? Genau, bei uns selbst!
In dem Moment, in dem wir bedingungslos von Herzen andere Menschen in ihrem Erfolg, ihrer Herzensangelegenheit oder Bedürftigkeit unterstützen, fließt die Energie immer wieder zu uns zurück. Nicht zwingend von derselben Adresse, sondern so, wie es für uns richtig ist.

Schwierig wird es immer bei den Menschen, mit denen wir noch ein ungeklärtes Thema haben. Das kann bei-

spielsweise ein Konkurrent sein, der uns unseren fehlenden Mut noch spiegelt oder ein Bedürftiger, der uns unser Problem mit der Eigenverantwortung aufzeigt.
Es ist für uns sehr heilend, wenn wir daran arbeiten, unsere Widerstände anzunehmen und gerade diese Personen zu unterstützen.

*

Spiegel

Willst du wissen, wie es in dir drinnen aussieht, dann schaue dir an, wie es außen um dich herum aussieht.
Dein Umfeld und dein Körper sind Spiegel deiner Seele. Wenn es etwas gibt, was dich stört, fühle hinein, welcher Schmerz oder welches Bedürfnis in dir diese Situation oder auch Krankheit auslöst.

Wenn du alleine nicht darauf kommst, kannst du auch hierbei die Anteile, die hinter der Krankheit, der Situation oder dem Ärger stecken, über eine Aufstellung integrieren. Natürlich auch für dich alleine, so wie ich es bereits beschrieben habe.

*

Immer ein Stück weiter gehen

Damit wir uns im Leben weiterentwickeln, ist es unabdingbar, dass wir auch Dinge tun, die uns nicht leicht fallen. Wenn wir immer nur bis an unsere gewohnte Grenze gehen, dann bleiben wir dort stehen wo wir sind oder fallen sogar noch weiter zurück. Das Leben auf der

Erde ist dafür gedacht, dass wir neue Dinge erfahren und uns weiterentwickeln. Dazu gehören Mut und Vertrauen. Jede neue Herausforderung und jedes Problem ist tatsächlich nur eine große Möglichkeit für einen Entwicklungsschritt, den wir uns unbewusst selbst gewählt haben.

Ein großer Unterschied zwischen den erfolgreichen und den erfolglosen Menschen ist der, dass die erfolgreichen ihre Herausforderungen annehmen und ihre Ängste überwinden wollen.

Wenn du eine Herausforderung wie einen sportlichen Wettkampf betrachtest oder wie ein Computerspiel, dann kann dein inneres Kind leichter damit umgehen. Es ist immer eine Sache der Betrachtungsweise. Siehe Herausforderungen nicht als unlösbare, riesige Bedrohungen an, sondern als Spiel. Du kannst dir dich selbst auch schon als glücklichen Gewinner, der die Hürde bereits genommen hat, vor deinem inneren Auge vorstellen.

„Deine Intention ist entscheidend für den Verlauf deines Problems. Du kannst dich für die Leichtigkeit oder für das Drama entscheiden"

*

Verbinde dich mit deinem höheren Selbst

In unserem höheren Selbst sind all unsere Erfahrungen gespeichert und wir sind gleichzeitig mit der Quelle verbunden. Wenn wir uns damit verbinden, dann haben wir Zugang zu einem großen Schatz an Wissen.

Du musst gar nicht viel dafür tun, um dich damit zu verbinden, denn dieses Energiefeld ist direkt bei dir. Es reicht die Absicht auszusprechen, dass du dich jetzt mit deinem höherem Selbst verbinden möchtest und dann geschieht es.

Natürlich ist die Verbindung nur so stark, wie du es selbst schon zulassen kannst. Es macht nichts, wenn du am Anfang noch zweifelst. Verbinde dich trotzdem, die Verbindung wird mit der Zeit immer stärker. Verbinde dich immer dann, wenn du den Impuls dazu spürst.

Ich kann mich noch daran erinnern, als ich mich das erste Mal mit meinem höheren Selbst verbunden habe. Ich war damals gerade dabei, einen sehr emotionalen Brief an meine Mutter zu schreiben und wusste nicht mehr weiter. Da habe ich mich dann (noch sehr zweifelnd) mit meinem höheren Selbst verbunden und es war wirklich unglaublich. Es flossen Worte aus mir heraus, die so klar und herzlich waren, dass es mich selbst unglaublich erstaunt hat. Danach wurden die Zweifel immer kleiner.

*

Heilung auf Seelenebene

Diese Übung ist einfach wunderbar und unterstützt dich, nach und nach aus der Illusion zu kommen und mit den Menschen Herzensverbindungen aufzubauen.

Wenn du mit einer Person ein Thema hast, welches dich belastet, dann mache dir vor der Übung bewusst, dass ihr beide euch gemeinsam dieses Thema mitgenommen habt, um voneinander zu lernen. Es geht nie um das, was die andere Person lernen möchte, sondern nur um deinen eigenen Teil. Sobald du dein Thema gelöst hast, ist das Spiel beendet, weil die andere Person nicht mehr mit dir in Resonanz gehen muss.

Du schließt für die Übung deine Augen und lässt die Person vor deinem inneren Auge erscheinen. Versuche nun aus deinem Ego herauszugehen und die Person vor dir als das zu erkennen, was sie ist, nämlich eine Seele, die hier ihre Erfahrungen machen möchte und wie du in einer Illusion steckt.

Spüre nach, ob sich etwas verändert, ob du sie jetzt mit dem Herzen sehen und vielleicht auch mit ihr sprechen kannst. Du könntest beispielsweise zu ihr sagen, dass du dir das hier nicht so anstrengend vorgestellt hast und dass du dankbar bist, für das, was sie dir spiegelt. Folge deinem Impuls, ob du etwas sagen möchtest. Du kannst aber auch nur fühlen und geschehen lassen. Es geht immer um die Herzöffnung und das Erkennen der Illusion, die euch im Spiel festhält.

Diese Übung machst du zunächst besser mit Personen, die nicht so starke Emotionen in dir auslösen. Du wirst merken, wie es dir mit jedem Mal leichter fällt. Später brauchst du nicht mal mehr die Augen zu schließen, sondern du kannst die Übung in dem Moment machen, in dem eine Person direkt vor dir steht und du ein Thema in dir wahrnimmst.

*

Erdung

Die Erdung ist mindestens genauso wichtig, wie die Anbindung an die göttliche Quelle. Wenn wir nur nach oben offen sind und uns nur mit spirituellen Dingen beschäftigen, dann fehlt uns die Bodenhaftung und wir können Schwierigkeiten bekommen unser alltägliches Leben zu meistern. Die Erdung ist die Verbindung zur Erde und gibt uns Standfestigkeit, Kraft und Klarheit, ganz wichtige Aspekte, um ein Leben im Gleichgewicht zu leben.
In meinem letzten Buch habe ich geschrieben, dass es besser ist die Verbindung zur Erde über unser Omegachakra herzustellen. Das hatte damals auch seinen Grund.
Heute kannst du es noch einfacher machen. Du stellst dich sicher auf den Boden und stellst dir vor, wie aus deinen Füßen ganz lange und kräftige Wurzeln tief in die Erde wachsen. Du kannst dir auch vorstellen, dass deine Wurzeln den Erdkern umfassen.
Für die Erdung ist es auch sinnvoll, öfter in den Wald zu gehen und Bäume zu umarmen. Oder du gehst in den Garten und wühlst mit deinen Händen in der Erde.
Nimm dein Leben auf der Erde von ganzem Herzen an!

*

Anbindung an die Quelle

Auch die Anbindung an die Quelle oder das Universum benötigt nur eine bewusste Entscheidung die du treffen kannst. Die Quelle ist ja nicht außen, sondern in dir selbst. Trotzdem fühlt sich die Anbindung so an, als sei es eine Verbindung nach außen.

Sobald du dich bewusst öffnest, wird dir klar, dass du mit einem großen Feld in Verbindung stehst. Du fühlst dich geborgen und mit allem verbunden. Wir sind natürlich immer mit allem verbunden, aber unser Ego verhindert durch all unsere Erfahrungen, dass wir diese Verbindung in uns selbst wieder herstellen, weil uns ja wieder etwas passieren könnte, wenn wir unsere innere Schöpferkraft erkennen.

Wenn du also ein Problem mit der Verbindung und dem Glauben hast, dann kannst du deinen Glauben und den Schmerz dahinter aufstellen (wie beschrieben) und so deine Seelenanteile integrieren. Hierbei ist es wirklich sinnvoll, auch einen Stellvertreter für dich selbst zu nehmen, der erfahren ist und den Schmerz gut halten kann, denn dieser Schmerz ist einer der tiefsten, die wir erfahren haben.

Wenn du dich bewusst anbinden möchtest, stelle dir vor, dass sich oben, in der Mitte deines Kopfes, eine Öffnung befindet, aus der du einen Energiestrahl nach oben sendest mit dem du dich mit dem Universum oder der Quelle verbindest. Du kannst zusätzlich sagen: „Ich bitte um göttliche Anbindung und um göttliche Führung." Dann lasse einfach los und sei im Vertrauen, dass alles, was dir begegnet, genau so richtig ist.
Irgendwann brauchst du diese Übung nicht mehr, weil dir immer bewusst ist, dass es gar keine Trennung gibt und du ständig geführt wirst.

Hülle dich in goldenes Licht

Das goldene Licht ist Schutz und Reinigung zugleich. Jedes Licht hat eine besondere Schwingung und Frequenz. Je höher die Frequenz, desto heilender ist sie. Das goldene Licht hat eine sehr hohe Schwingung und daher auch eine starke Heilungskraft. Ich sprach bereits davon, dass wir uns etwas nur vorstellen müssen und schon bildet sich ein Energiefeld. So ist es auch beim Arbeiten mit Lichtfeldern.

Die Menschen, die im energetischen Bereich arbeiten, nennt man auch Lichtarbeiter, weil sie hauptsächlich mit unsichtbaren Energiefeldern arbeiten.

Um dich zu reinigen oder dich zu schützen kannst du das goldene Licht nutzen. Du stellst dir vor, wie vor dir eine goldene Flamme lodert und stellst dich genau in die Mitte dieses goldenen Lichts. Du lässt es durch all deine Zellen strahlen. Du kannst es mit deinem Atem richtig in dich hineinfließen lassen.

Du kannst die Energiearbeit auch unter der Dusche durchführen, indem du dir vorstellst, dass das Wasser, das auf dich hinabfließt, stellvertretend für das goldene Licht steht.

***

Schlusswort

Wer immer du auch bist, wir sind miteinander verbunden,
besonders in diesem Moment, in dem du das liest,
was ich gerade für dich schreibe.

Ich hoffe mein Buch inspiriert und unterstützt dich
und macht dir Mut, deinen Weg einfach zu gehen,
in dem Bewusstsein, dass alles gut ist wie es ist.

Du darfst noch zweifeln, wütend und traurig sein,
aber vergiss bei all dem nicht,
noch mehr zu lachen und nimm dich ab und zu
unbedingt selbst in den Arm.

Es ist hier alles nur ein Spiel, vergiss das nicht,
du wirst unendlich geliebt.

Ich danke dir, dass es dich gibt!

Über die Autorin

Pamela Bessel wurde 1972 in Hamburg geboren. Ihr Interesse an spirituellen Themen und dem Bewusstsein der Menschen wurde 1999 geweckt, als ihre erste Tochter geboren wurde. Sie war die Inspiration für ihren weiteren Weg.

Die Autorin beschreibt es so, als würde man einen Schlüssel in die Hand bekommen, der einem die Tür für eine andere Welt öffnet. Ihr eigenes Bewusstsein erwachte immer mehr und sie kam wieder an ihr inneres Wissen heran. Sie wusste wieder warum die Menschen hier sind und wie sie jetzt aus ihrem Schmerz und der Illusion herauskommen.

Im Januar 2010 erschien ihr erstes Buch „Du bist göttlich, benimm dich auch so!". In dem Buch hat sie versucht auf leichte Weise die Menschen zu erwecken und sie wieder an ihre Schöpferkraft erinnert.

In ihrem zweiten Buch „Tausche Schmerz gegen Selbstliebe" bringt sie die Leser an ihre Schmerzursache, indem sie diese aufdeckt und erklärt. Anschließend können sich die Leser dann, mit Hilfe der im Buch enthaltenen Lösungsansätze, von dem Schmerz befreien.

Sie gibt heute ihr Wissen und ihre Lösungsansätze in ihrer 2013 selbst gegründeten *freien Akademie für Spiritualität und Bewusstsein* weiter, hält Vorträge, bietet Einzelsitzungen an und leitet Lerngruppen.